D1986203

Jung – für immer

Dr. med. Harald Bresser

Meinen Eltern –
in großer Dankbarkeit

Inhalt

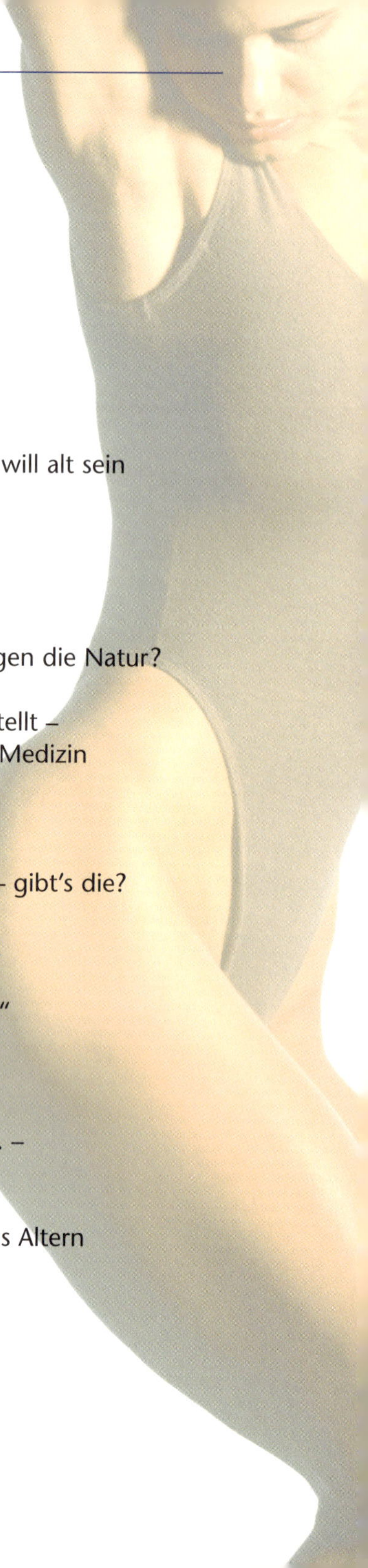

Jung – für immer

Dieses Buch ist ein Appell an alle Menschen, die gerne leben, die gerne länger und auch im höheren Alter noch glücklich leben wollen. Es wird Ihnen zeigen, wo Sie den Schlüssel zu jahrzehntelangem Wohlbefinden und dauerhafter Gesundheit finden. Denn zum ersten Mal in der Geschichte der

Menschheit besitzen wir heute die Kenntnisse und Fähigkeiten, unser Altersschicksal selbst in die Hand zu nehmen. Das Bad im Jungbrunnen steht uns allen offen!
Als Eintrittspreis ist nur ein gesundes Maß an eigener Zielstrebigkeit und Entschlossenheit zu zahlen.

Was ist Anti-Aging-Medizin?

Das vergangene Jahrhundert hat uns zahlreiche spektakuläre Fortschritte der medizinischen Wissenschaften beschert. Herz-Bypässe und neue Herzklappen, künstliche Hüftknochen und Kniegelenke, Anti-Asthma-Sprays und Impfungen gegen Allergien, moderne Narkoseverfahren, Beruhigungsmittel und Psychopharmaka, Antibiotika und Star-Operationen, Nierensteinzertrümmerung und Computertomogramm... die großen und kleinen Triumphe der Medizin sind fantastisch. Glücklich ist der Teil der Menschheit, dem ein funktionierendes Gesundheitswesen zur Verfügung steht. Viele jahrtausende alte Plagen der Menschheit haben ihren Schrecken verloren. Die moderne Medizin heilt zahlreiche Krankheiten und lindert Leid und Schmerz. Ein neuer Zweig der Medizin arbeitet an einem ähnlich visionären, positiven Menschheitstraum: steinalt zu werden, und dabei gesund, vital und attraktiv zu bleiben. Auf wissenschaftlicher Basis entstehen unter dem Oberbegriff „Anti-Aging-Medizin" neue Strategien, die uns Schritt für Schritt einer lange Lebenszeit in guter geistiger und körperlicher Verfassung näher bringen.

Die Anti-Aging-Medizin entwickelt und sammelt alte und neue Strategien gegen das Altern.

Altersbedingte Verschleißprozesse können heute verzögert, gestoppt oder sogar wieder rückgängig gemacht werden. Anti-Aging-Strategien zielen nicht nur darauf ab, das Altern zu verzögern. Die gewonnenen Jahre sollen sinnhafter, erfüllter und lebenswerter werden.

Erstaunliche Erfolge wurden bereits bei der Verlängerung unseres Lebens erzielt. Die Lebenserwartung meines Großvaters, Jahrgang 1891, lag bei seiner Geburt bei etwa 47 Jahren. Statistisch hätte er mich, seinen 1957 geborenen Enkel, niemals kennenlernen können. Tatsächlich bin ich glücklich, dass ich als fertiger Arzt noch in seinem 98. Lebensjahr einige seiner Altersbeschwerden lindern durfte. Zu Beginn des neuen Jahrtausends können unsere Kinder fast sicher erwarten, ein ähnlich biblisches Alter zu erreichen.

Die klare Botschaft der Wissenschaft lautet heute: Es gibt keine absehbare Obergrenze beim individuellen Lebensalter, aber zumindest 120 Jahre lang können wir biologisch sicher leben.

Die amerikanische Regierung hat die Bedeutung der neuen Medizin erkannt: Seit Anfang der Neunzigerjahre fördert sie eine Forschungseinrichtung namens „National Institut of

Aging". Die Behörde erhält mehr Staatsmittel als jedes andere staatliche amerikanische Gesundheitsinstitut.

Zum ersten Mal in der Geschichte der Menschheit besitzen wir heute die Kenntnisse und Fähigkeiten, unser Altersschicksal selbst in die Hand zu nehmen. Wonach Päpste und Potentaten vergangener Zeiten vergeblich suchten, steht jedem Bürger offen: ein Bad im Jungbrunnen. Als Eintrittspreis ist nur ein gesundes Maß an eigener Zielstrebigkeit und Entschlossenheit zu zahlen. „Forever Young" ist tatsächlich nicht nur ein Werbegag cleverer Werbeprofis oder medizinischer Bewegungsfanatiker. Auch wir Normalbürger dürfen von einem langen, erfüllten Leben träumen.
Dieses Buch ist ein Appell an alle Menschen, die gerne leben, die gerne länger und auch im höheren Alter noch glücklich leben wollen. Es wird Ihnen zeigen, wo Sie den Schlüssel zu jahrzehntelangem Wohlbefinden und dauerhafter Gesundheit finden. Es handelt sich dabei weder um esoterische Geheimrezepte noch um lustfeindliche Wege der Selbstkasteiung. Ich werde Ihnen die Erkenntnisse einer neuen medizinischen Wissenschaft darlegen und erklären, wie Sie persönlich davon profitieren können.
Sie werden in diesem Buch viele sehr konkrete „Rezepte" zur Lebensverlängerung und Lebensverbesserung finden. Trotzdem möchte ich diese Anleitung nicht als buntes Life-Style-Konzept missverstanden wissen. „Fit for Fun" ist sicher eine gute kurzfristige Motivation, etwas für sich zu tun. Anti-Aging-Medizin hat jedoch eine philosophische Dimension, die bei der – anscheinend so einfachen – Einnahme von Vitamin- oder Hormonpräparaten niemals ganz vergessen werden sollte.

Unsere körperlichen und geistigen Eigenschaften wurden uns bei der Geburt im Keim geschenkt; der Weg ihrer optimalen Entwicklung und Entfaltung kann unserem Leben tiefgehend Sinn und Richtung weisen. Niemand sollte unnötigerweise „vor seiner Zeit“ sterben. Viele Philosophen kamen zur Erkenntnis, dass der Sinn des Lebens darin liegt, den eigenen Lebensweg ganz bewusst zu gehen – „der Sinn des Lebens ist das Leben“. Jeder kann diesen Sinn für sich selbst entdecken. Und wenn wir tatsächlich als Ebenbild Gottes auf die Erde kamen, so sollten wir dieses Geschenk pflegen. Nutzen Sie die überwältigenden Chancen unserer Zeit ganz persönlich, damit der Traum vom langen, erfüllten Leben auch für Sie in Erfüllung geht.

Jeder Mensch kann heute sein Altersschicksal selbst in die Hand nehmen.

Klingt paradox: Jeder will alt werden, keiner will alt sein

Das Streben nach möglichst langem Überleben ist ein Urtrieb jedes Lebewesens auf unserem Planeten. Zwar fürchtet sich fast jeder Mensch vor Siechtum und Hilfslosigkeit im Alter, aber kaum jemand beendet sein Leben freiwillig, wenn ihn nicht schwerster körperlicher oder seelischer Schmerz dazu zwingen. Wir leben und sind dabei meist unbeschwert, optimistisch und sorglos. Auch ältere und alte Menschen leben ihr Leben gerne bis zur letzten Sekunde, am liebsten im Kreis der Familie oder von Freunden. Obwohl wir den Großteil unseres Lebens nicht „jung“ sind, huldigt unsere Gesellschaft in nie gekanntem Ausmaß dem Kult der Jugend. Zwar liegen Macht, Einfluss und Gestaltungskraft eindeutig in den Händen der „mittleren“ und „älteren“ Generation. In Fernsehen, Werbung und Mode werden aber das Aussehen, der Lebensstil und der Geschmack von Jugendlichen und jungen Erwachsenen zelebriert.

Wir leben also in einem tiefen Paradoxon: Jeder will lange leben und alt werden, aber keiner will älter sein. Ein Grund dafür liegt sicher in der Angst, mit zunehmendem Alter erstrebenswerte körperliche und geistige Fähigkeiten zu verlieren; körperliche Schönheit geht und mühsam angeeignete Fertigkeiten und Charaktereigenschaften scheinen im Alter zu zerrinnen. Älter werden bedeutet, sich mit dem Thema Tod auseinanderzusetzen – die Scheu davor ist nur allzu verständlich.

Wer träumte nicht diesen Traum: Am liebsten wären wir alle unsterblich, aber wenigstens 100 Jahre sollte uns der liebe Gott schon schenken; dazu wünschen wir aber selbstverständlich, dass wir geistig rege und frisch, körperlich gesund und fit bleiben. Wir wollen nicht nur länger leben, wir wollen lange gut leben. Dieser banal klingende Satz drückt ganz neue Lebensziele und Anforderungen an die Medizin aus. Im zwanzigsten Jahrhundert konzentrierte sich die Medizin fast

Mehr als die Hälfte der Einwohner Mitteleuropas wird bald über 50 Jahre alt sein.

ausschließlich darauf, geniale Strategien zur Todesvermeidung zu entwickeln. Sie war überaus erfolgreich: 1990 waren 15% aller Deutschen älter als 65 Jahre; im Jahr 2020 wird bereits jeder dritte unserer Mitbürger über 65 sein. Wo bleiben also Wünsche offen?
Bei allen Erfolgen um die Verlängerung unseres Lebens müssen wir anerkennen, dass die Entwicklung der Lebensqualität im Alter nicht immer Schritt gehalten hat. Sie nimmt nur allzu häufig umgekehrt proportional zum Lebensalter ab. Es gab schon immer gesunde, aktive alte Menschen – und es gab schon immer kranke, behinderte ältere Mitbürger. Wir hoffen zwar darauf, zur ersten Gruppe zu gehören; unser Bild vom Altern wird aber eher von der zweiten Gruppe bestimmt. Im Bewusstsein vieler Menschen bedeutet Altern noch immer eine Abwärtsspirale aus zunehmenden Falten, Gedächtnisschwächen, abnehmender Beweglichkeit und sich häufenden Arzt- und Krankenhausbesuchen. Gelenkbeschwerden und Rheuma, Schwerhörigkeit und Altersweitsichtigkeit, Schlafstörungen und Blasenprobleme scheinen an niemandem vorbei zu gehen. Wie zu Zeiten von Aristoteles oder Voltaire scheint Altern vielen eine Plage und Gottesprüfung zu sein. Stimmt dieser Eindruck? Haben wir wirklich keine andere Wahl? Müssen wir altern wie Jeanne Calment? Frau Calment war die

war die älteste Frau der Welt, als sie im 123. Lebensjahr am 4. August 1997 starb. Sie war seit Jahren an den Rollstuhl gefesselt, fast blind und taub und ein Pflegefall. Das biologisch höchstmögliche Alter scheint zur Zeit bei ca. 120 Jahren zu liegen; in diesem Alter wird der Tod wohl noch lange als Erlösung erlebt werden. Andererseits gewann vor nicht allzu langer Zeit ein 101-Jähriger ein (Senioren-) Golfturnier; der Wiener Alterzbischof König, der Schriftsteller Ernst Jünger und die englische Königsmutter „Queen Mum" sind bekannte Beispiele dafür, dass man körperlich und geistig rege und fit auch das 100. Lebensjahr ansteuern kann. Ab etwa dem 110. Lebensjahr steigt die Kurve der menschlichen Sterbe-Rate nicht mehr an – statistisch hat ein 130-Jähriger kein höheres Sterberisiko als ein 110-Jähriger. Eine 110-jährige Dame ist biologisch daher kaum älter als eine 105-Jährige.

Info Schon heute betonen 90% (!) der 65- bis 74-Jährigen, dass sie sich gesund fühlen und ihr Leben genießen. Selbst 40% der über 85-Jährigen fühlen sich gesund. Nur 5% der über 70-Jährigen dagegen sind Pflegefälle.

„Altern" an sich macht nicht krank – an grauen Haaren und Gesichtsfältchen ist noch niemand gestorben. Wissenschaftler verstehen unter „Altern" ganz neutral Veränderungen im Erwachsenenalter, die meistens – aber nicht immer – die Lebensfähigkeit des Lebewesens verschlechtern. „Seneszenz" dagegen ist das, wovor wir Angst haben: die spezifischen Funktionsverluste bei älteren Individuen (z. B. die Erstarrung und Verkalkung alternder Gefäße).

Als der siebenjährige Krieg zu Ende ging, kehrte Preußens König Friedrich II. fast zahnlos, gichtgeplagt und mit Darmkoliken kämpfend in seine Hauptstadt zurück – und wurde von da an der „Alte Fritz" genannt. Er war 51 Jahre alt. Trotz Krückstock, wasserdicker Beine und Griesgrämigkeit lebte er noch 23 Jahre und wurde damit älter als 90% seiner Untertanen. Heute fühlen sich 90% der US-Amerikaner zwischen 65 und 75 Jahren so fit wie in ihren Vierzigern. Und jeder zweite Greis über 85 hält sich noch für „voll funktionstüchtig".

Selbst Krebs ist kein Todesurteil mehr. Beim französischen Staatpräsidenten Mitterand hatten Ärzte kurz vor Beginn seiner Präsidentschaft Prostatakrebs festgestellt – und es der Öffentlichkeit verheimlicht. Mitterand stand zwei anstrengende Amtszeiten von mehr als einem Jahrzehnt durch.
Mit 80 auf dem Fahrrad statt im Rollstuhl – dieses Ziel ist also keineswegs abwegig. Schon mit 20 oder 30 kann man wichtige Grundlagen legen, um vital zu altern. Je früher man mit einer vitalisierenden Lebensweise beginnt, umso besser die Langzeiteffekte. Die Investition in die eigene Lebensqualität lässt sich mit einem finanziellen Engagement in Aktien vergleichen: Bei beiden ist die unmittelbare, kurzfristige Rendite (der sofortige Wohlfühl-Effekt) ganz erfreulich. Erst ein Blick auf die langfristige Rendite einer Aktienanlage mit Zins und Zinseszins (der Anti-Aging-Effekt) aber lässt unsere Herzen wirklich höher schlagen.

Das Altersparadoxon lässt sich lösen: Mit einem Anti-Aging-Plan können wir bewusst im Heute leben, ohne ängstliche Gedanken an das Alter. Wir können altern, ohne uns alt zu fühlen.

Biologie und Wissenschaft: Warum altern wir?

Betrachtet man die Entwicklungsgeschichte des Menschen, ja des Lebens überhaupt, so scheint biologisches Altern ein alles durchdringendes Phänomen zu sein – der Sinn des Lebens und der Sinn des Alterns scheinen eng miteinander verknüpft. Wie jedes andere Problem lässt sich das Altern besser bekämpfen, wenn man es versteht. Warum altern wir?
Sicher spielen unserer Erbanlagen eine entscheidende Rolle, zu welchem Zeitpunkt „Gevatter Tod" an unser Bett treten wird. Viele Gerontologen (Gerontologen = Spezialisten für Alterungsmedizin) gehen so weit, unseren Körper nur als austauschbare Hülle für unsere Gene zu betrachten. Wie viele Biologen glauben sie daran, dass unsere Erbanlagen ein „selbstsüchtiges" Interesse daran haben, über Generationen hinweg in möglichst großer Zahl weiter zu bestehen. Die „Interessenlage" unserer Gene sei demnach nicht immer identisch mit unserem indiviuellen Wunsch nach äußerster Lang-

lebigkeit. Lieber also mehr Energie in die Erzeugung von Nachwuchs stecken als in die perfekte Reparatur von Haut-, Muskel-, Organ- oder Gehirnzellen? Auffällig ist zumindest, wie stark der Alterungsprozess bei Menschen an Fahrt gewinnt, sobald die Fortpflanzungsfähigkeit erlischt.

Info

Mögliche Ursachen des Alterungsprozesses

- Veränderungen der Erbinformation
- Schädigung von Körperzellen durch freie Radikale
- Programmierter Zelltod
- Abnutzung und Verschleiß
- Immunschwäche
- Hormonmangel

Genexperimente beweisen, dass möglicherweise nicht das Genom – die Erbsubstanz selbst – das Alterungstempo bestimmt. Möglicherweise liegt der Schlüssel dazu eher bei den Mitochondrien, den Kraftwerken der Zelle. Welche praktischen Schlussfolgerungen lassen sich daraus ziehen? Viele Menschen kennen und nützen das so genannte Coenzym Q als Anti-Aging-Substanz. Coenzym Q (siehe Seite 115) hat unter anderem die Funktion, den Energie- und Elektronentransport in den Zellmembranen der Mitochondrien zu bewerkstelligen. Auch Carnitin greift in den Membranstoffwechsel der Mitochondrien ein. Die Wirkung von zwei wichtigen Anti-Aging-Substanzen steht so in direkter Verbindung zu einer wissenschaftlichen Grundsatzfrage – der Bedeutung der Mitochondrien für das Altern.

Ein Gruppe hochgradig „Verdächtiger" bei der Suche nach Altersursachen sind die „freien Radikale". Dies sind unkontrollierte, wild durch die Körperzellen taumelnde Bruchstücke von Atomen oder Molekülen. In vielen Kapiteln dieses Buches wird immer wieder von den freien Radikalen die Rede sein; davon, dass ihre Bekämpfung ein Schlüssel der Anti-Aging-Medizin ist.

Info

Freie Radikale
In den Kraftwerken der Zelle, den Mitochondrien, wird ständig Energie für alle Lebensprozesse erzeugt. Dies geschieht durch An- und Abkoppeln von Elektronen, Atom- und Molekül-Bestandteilen an Sauerstoff. Gelingt es einzelnen dieser Elektronen, der Bindung an Sauerstoff zu entgehen, so irrlichtern sie mit unangenehmen Folgen umher.

Einerseits sind freie Radikale ein Motor des Lebens, sie werden für zahlreiche chemische Lebensprozesse benötigt. Andererseits können sie aber – im Überfluss – die Zellkerne, Erbanlagen, Baustoffeiweiße, Zellmembranen und Blutgefäße schädigen. Je mehr irrlichternde freie Radikale, umso größer das Chaos. Man schätzt, dass jedes DNS-Erbmolekül täglich ca. 10 000 „Treffer" umherirrender freier Radikale erleidet – und diese „Einschüsse" müssen rasch repariert werden. Falsche Ernährung und ungesunde Lebensweise lassen die Zahl dieser Attacken auf bis zu 40 Millionen täglich anwachsen. Besonders aus fettreicher Nahrung werden freie Radikale im Übermaß mobilisiert. Auch gegrillte und gebratene Nahrungsmittel enthalten diese unerwünschten Stoffe in zu großen Mengen. Tabakrauch setzt unendlich viele freie Radikale frei; sie sind daher auf vielen Umwegen für die typischen „Alterserscheinungen" des Rauchers verantwortlich: Raucherbein und Herzinfarkt, Faltenbildung und Lungenkrebs. Selbst die hässlichen Altersflecken entstehen durch freie Radikale: Sie schaffen chemische Verbindungen, die sich in den Altersflecken wiederfinden.

Eine Strategie der Anti-Aging-Medizin ist es, die Ernährung so zu optimieren und durch Vitamine und Co. zu ergänzen, dass das Elektronikpendel der Energieübertragung störungsfrei funktioniert. Die Gegenspieler freier Radikale sind die so genannten „Antioxidanzien", namentlich die Vitamine. Vitamin C und E sind berühmt dafür, die freien Radikale zu neutralisieren und ihre schädlichen Folgen zu beseitigen. Neben Vitaminen betätigen sich Enzyme auf Zellebene als wichtige Radikalenfänger.

Unter dem Namen „nichtenzymatische Glykosylierung“ ist eine ganze Gruppe chemischer Reaktionen bekannt. Sie werden ebenfalls durch freie Radikale angestoßen und sind für die Alterung von Bindegewebszellen verantwortlich. Wenn Gelenke und Augenlinse ihre jugendliche Elastizität verlieren, wenn Altersdiabetes entsteht, aber auch beim Braunwerden von frisch aufgeschnittenem Obst oder von Toastbrot - immer ist dafür diese höchst komplizierte chemische Reaktion verantwortlich. Manche sehen in ihr den Schlüssel zum Verständnis des Alterns.

Eine relativ neue wissenschaftliche Forschungsrichtung befasst sich mit der Frage, ob Körperzellen ihren Tod einprogrammiert haben – die so genannte „Apoptose“. Darunter versteht man den natürlichen, programmierten Zelltod unserer Körperzellen. Schon seit fast 100 Jahren wissen wir, dass manche Organe im Alter häufiger versagen – und dass die Zellen dieser Organe nur eine geringe Fähigkeit haben, sich zu ersetzen oder zu regenerieren. Eine Hautzelle lebt etwa zwei Wochen, Fettgewebe wird alle drei Wochen erneuert, und rote Blutkörperchen sterben erst nach drei Monaten. Die Nervenzellen des Gehirns oder die Herzmuskelzellen erneuern sich praktisch überhaupt nicht. Wenn sie geschädigt werden, können sie nicht durch neue Zellen ersetzt werden. Stimmt es also, dass wir durch das tägliche Absterben unzähliger Gehirnzellen altern? Erstaunlicherweise gibt es dafür keine Beweise, denn die „alten“ Zellen von Gehirn und Herz können – sofern sie gesund sind – ihre Funktion meist völlig zufriedenstellend erfüllen. Noch vor wenigen Jahren glaubte man, dass die begrenzte Teilungsfähigkeit menschlicher Zellen den Tod vorprogrammiert. Nach der fünfzigsten Zellteilung beginnen fast alle Zellen zu degenerieren. Gesteuert wird die Rate der Zellteilungen von so genannten Telomeren. Telomere sitzen – wie die Plastikkappen an Schnürsenkeln – an den äußeren Enden der DNS-Erbsubstanz und verhindern deren „Ausfransen“. Bei jeder Zellteilung werden sie ein wenig kürzer. Nach der fünfzigsten Zellteilung verlieren sie ihre Funktion, das Ende der Zelle ist absehbar. Interessanterweise existiert ein eigenes Reparatur-Enzym für diese Telomere: die Telomerase. Dieses Enzym der ewigen Jugend lässt die Zellen sozusagen vergessen, wie oft sie sich schon geteilt haben. Aus unerklärlichen Gründen ist es jedoch fast immer „abgeschaltet". Nur bei entarteten Krebszellen ist die Telomer-Reparatur ständig angeschaltet, sodass Krebszellen ungehemmt wachsen und sich teilen können. Einer kalifornischen Gentechnik-Firma ist es gelungen, sowohl das Telomerase-Reparatur-Gen als auch seinen „Starter" zu identifizieren. Sie konnten so tatsächlich unsterbliche menschliche Haut- und Netzhautzellen produzieren. Sollte es den Forschern gelingen, diese Enzyme in lebende Menschen einzuschleusen, so

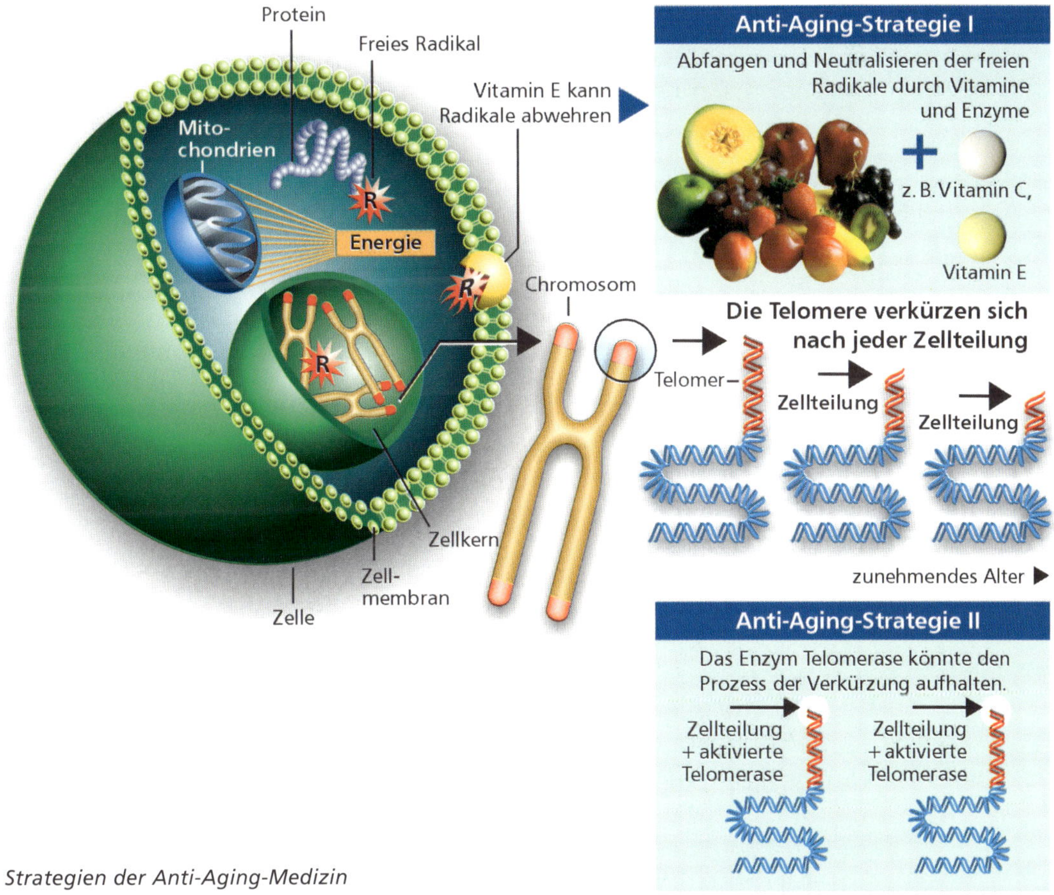

Strategien der Anti-Aging-Medizin

wäre vielleicht ein vielversprechendes Anti-Krebs-Medikament und Verjüngungsmittel gefunden. Viele Altersveränderungen sind einfach durch Abnutzung und Verschleiß erklärbar. Im Tierreich wird offensichtlich, dass Verschleiß der Organe das Altern und den Tod mitverursachen. Die Zähne der Löwen werden im Alter so stumpf, dass er kein Wild mehr erlegen kann – er verhungert. Die Muskeln, Knochen und Gelenke alternder Gnus verschleißen, sie werden langsam und lahm – und damit leichtes Opfer ihrer Jäger. Wenn Elefanten nach ca. 70 Jahren ihren letzten, den sechsten Satz ihrer Backenzähne aufgebraucht haben, dann verhungern auch sie. Nur die Familie oder das soziale Netz einer Gesellschaft verhindern, dass dieses Schicksal zwar gesunden, aber zahnlosen Menschen mit verschlissenen Gelenken und steifen Knochen ereilt. Statistisch ist die Lebenserwartung derjenigen Menschen geringer, die in Berufen mit extremer körperlicher Belastung arbeiten. Altern ist also auch ganz banal die Folge der mechanischen Belastungen, die unser Körper lebenslang ertragen muss.
Junge Menschen haben eine Grippeinfektion meist nach zwei bis drei Tagen unter Kontrolle – für einen alten Menschen kann sie lebensbedrohlich werden. Die Wirksamkeit unserer Immunabwehr lässt im Alter nach, und zahlreiche Krankheitserreger können sich leichter verbreiten. Aus dem gleichen Grund ist der Erfolg einer Impfung bei älteren Menschen nicht so ausgeprägt wie bei jüngeren Zeitgenossen. Andere Immunzellen, die Makrophagen oder Fresszellen, reagieren dagegen im Alter eher hyperaktiv. Diese überschießende Aktivität ist ebenfalls nicht gesund; sie scheint für die Entstehung von Alzheimer und Rheuma mitverantwortlich zu sein. Nachlassende Leistungsfähigkeit des Immunsystems erklärt so viele wichtige Altersbeschwerden.

Während der gesamten Lebensspanne sind Hormone ein wesentlicher Einflussfaktor auf Alterungserscheinungen. Die Behandlung der hormonellen Veränderungen im Alter ist ein wichtiger neuer Baustein der Anti-Aging-Medizin.

Besonders eindrucksvoll ist die Rolle, die unsere Hormone beim Altern spielen. Die Produktion von zahlreichen Hormonen fällt mit zunehmendem Alter ab. Ein langes Leben nach dem Versiegen der Fortpflanzungsfähigkeit ist biologisch eher die Ausnahme. Verallgemeinernd kann man sagen, dass der Lebenlauf praktisch aller Pflanzen und Tiere durch Hormone gesteuert wird. Wachstum, Geschlechtsreife, Fortpflanzung

werden von Geburt an durch Hormone geregelt. Nervensystem, Tag und Nacht, Nahrung und Temperatur greifen in das Wechselspiel der Hormone ein.
Viele andere Faktoren spielen beim Altern ebenfalls eine wichtige Rolle: die Entgiftungssysteme des Körpers gegen innere und äußere Schadstoffe verlieren an Wirksamkeit; Gerontogene werden aktiviert, sie leiten Abbauprozesse ein und katalysieren sie. Auch wenn immer wieder einzelne Erkenntnisse als „Schlüssel zum Altern" vermarktet werden – eine umfassende Erklärung der Zusammenhänge wird noch sehr lange auf sich warten lassen.

Info Lebens- und Alterungsvorgänge ähneln einem unbegreifbar komplizierten Uhrwerk aus tausenden einzelner Rädchen. Die Anti-Aging-Medizin versucht, an möglichst vielen Rädchen gleichzeitig zu drehen, um den Lauf des Alterns zu verlangsamen – ohne das Uhrwerk insgesamt schon richtig zu verstehen.

Forever young – modische Vermessenheit gegen die Natur?

Leben, Lieben und Gesundheit zählen zu den absoluten, kostbarsten Elementen unseres Daseins. Gesunde, glückliche Menschen erleben im Alltag keine körperlichen Grenzen, sie existieren im unbewussten „lustvollen Daseinsgefühl". Zwar lehrt das Leben die meisten Menschen irgendwann einmal, dass Schmerz und Krankheit dazugehören: Die Frische der Jugend weicht meist doch körperlichen Leiden und der Einsicht, dass jedes Leben endlich ist. „Nur den Göttern ist des Alters Bürde fremd", klagt der griechische Philosoph Sophokles am Ende seines 90-jährigen Lebens. Unversehrtheit, Leistungsfähigkeit und Glück sind mehr als Geschenke der Natur.
Leben und Altern sind eindimensionale Prozesse, die sich nur in einer einzigen zeitlichen Richtung entwickeln. Wir können wohl klüger, reifer und auch schöner werden – aber wir werden niemals jünger. In jeder Lebensphase, selbst beim Kind, gibt es unentrinnbare Alterungserscheinungen. Zähne werden abge-

nutzt, Haare werden geschnitten, Hautschuppen fallen ab, kleine Wunden vernarben. Der erste Sonnenbrand in der Kindheit legt die Basis für Hautkrebs im Alter; überzogener Sport in der Jugend führt nach Jahrzehnten zum Verschleiß-Rheuma.

Manchen Menschen scheint der Kampf gegen das Altern noch immer vermessen. Sie blicken mit pharisäerhaftem Hochmut auf diejenigen, die sich äußerlich und innerlich jung erhalten wollen. Für diese kritischen Zeitgenossen scheint das passive, „in Würde Altern" die ehrlichere und wertvollere Art, mit dem Altern umzugehen. Bei allem Verständnis und Respekt vor dieser Art der weisen Selbstbeschränkung: Vielleicht fehlt es dabei nur an Wissen und der Energie, das Leben ganz zu fassen?

Info

Wenn Sie wüssten, dass neue Energie und Kreativität, eine schlanke Figur, ein junges und strahlendes Aussehen tatsächlich möglich sind; wenn Sie den Unterschied zwischen einem Alter in Krankheit und Passivität oder einem Alter in Vitalität und geistiger Frische kennen würden; wenn Sie überzeugt wären, dass dies alles auch für Sie persönlich lebenslang erhaltbar wäre – würden Sie nicht auch sofort und mit fliegenden Fahnen Ihr eigenes Anti-Aging-Programm beginnen?

Die amerikanische Schauspielerin Mae West hat einmal gesagt: *„Alt werden ist nichts für Feiglinge."* Vielleicht sollte man diese Weisheit eher abwandeln zu: *„Jung bleiben ist nichts für Feiglinge."*

100 Jahre Leben kann man in absehbarer Zukunft sicher nicht erzwingen, denn dazu gehören auch die passenden genetischen Anlagen, die uns unsere Vorfahren mitgegeben haben. Doch kann ein Mensch mit eher „schlechten" Altersanlagen bei entsprechendem Training mit Leichtigkeit die Chancen eines anderen übertreffen, dessen „bessere" Altersanlagen ungenutzt bleiben. Verabschieden Sie sich allerdings von der Hoffnung, auf einfachem und bequemem Weg im Jungbrunnen planschen zu können. Wie alle guten Dinge des Lebens müssen auch Dauer und Qualität eines langen Lebens erarbeitet werden. Unser Ziel sollte sein, der „beste", vitalste und glücklichste Vierzigjährige, Siebzigjährige oder Hundertjährige zu sein, der überhaupt in uns verborgen ist.

Mehr als die Hälfte der Einwohner Mitteleuropas wird bald über 50 Jahre alt sein. Dieses „Altersbeben" (Paul Wallace) ist eine Revolution der Menschheitsgeschichte.

Es ist eine andere, philosophische Frage, ob die Anti-Aging-Medizin nicht doch auf widernatürliche Weise in den natürlichen – oder göttlichen – Schöpfungsplan eingreift. Nach meiner Meinung tut sie dies nicht mehr oder weniger als andere medizinische und wissenschaftliche Entwicklungen der Moderne. Die Entwicklung der Ackerbaus, die Ausrottung der großen Seuchen, die Genmedizin und moderne High-Tech-Intensivmedizin beeinflussen das Schicksal unserer Spezies genauso eingreifend, wie alle Strategien zur Lebensverlängerung. Die Früchte der Anti-Aging-Medizin zählen sicher zu den süßesten Früchten des medizinischen Erkenntnisstrebens. Die gesellschaftlichen und sozialen Folgen einer verlängerten Lebenserwartung und einer sinkenden Geburtsrate besitzen allerdings eine ungeheure Brisanz; sie sind dramatischer, als es uns selbst die Rentenpolitiker ausmalen. Alltagsstress durch Kindergeplärr oder wummernde Popmusik wird in wenigen Jahrzehnten unbekannt sein, weil unsere Städte fast nur noch von Frauen und Männern im gesetzten Alter bewohnt werden.

Unser Zusammenleben wird sich verändern – denn ab einem Lebensalter von 30 bis 35 Jahren nimmt das Interesse an Drogen und Alkohol, dummen Mutproben, Autofahren unter Alkoholeinfluss, Disco-Besuchen und Gewalttätigkeiten drastisch ab.
Ältere leben weitaus weniger gefährlich als Junge – im Jahr 2025 wird es in der „Ersten Welt" keine Kriege und viel weniger Gewaltverbrechen geben. Eine älter werdende Gesellschaft wird ihre jungen Männer nicht in einem Krieg opfern; Mütter werden ihre einzigen Söhne mit allen Mitteln vor dem Kriegsspielen bewahren. Eine Freizeitgesellschaft der Frührentner wird nicht finanzierbar sein; daher muss sich die Industrie darauf einstellen, wieder viel mehr ältere Menschen zu beschäftigen. Es ist auch unwahrscheinlich, dass sich die Alten des Jahres 2025 nach Mallorca wegloben lassen wie die heutigen Rentner. Die Generation der Demonstranten von Brokdorf, die Teilnehmer der Love-Parade werden wohl auch als Ältere ihre Unruhe bewahren und sich selbstbewusst in der Gesellschaft behaupten. Sie sind die Erfinder des Jugendkults und werden sich bis ins Rentenalter von niemandem an

jugendlicher Vitalität übertreffen lassen. Die wenigen Jungen werden sich in 25 Jahren als deutliche Minderheit mit marathonlaufenden Grauen Panthern voller Tatkraft auseinandersetzen müssen. Eine solche jugendliche, aktive und produktive ältere Generation nützt selbstverständlich auch ihren Kindern und Enkeln. Aktive Alte vermeiden die finanziellen und emotionalen Belastungen, die ein krankes, pflegebedürftiges Familienmitglied mit sich bringt; Jüngere können von der Hilfe und Erfahrung der Älteren profitieren. Anti-Aging-Medizin mildert so die Folgen einer Überalterung unserer Gesellschaft.

Die Wissenschaft hat festgestellt – Erkenntnisse der Anti-Aging-Medizin

Vor 30 Jahren gratulierte der deutsche Bundespräsident jährlich ca. 400 Frauen und Männern zum 100. Geburtstag. Im Jahr 2000 wird er diese Freude etwa 10000 mal haben. In Deutschland leben heute etwa 380 000 Menschen, die älter als 90 Jahre sind.

Die Steigerung unserer Lebenserwartung in den letzten Jahrzehnten ist vor allem Folge verbesserter hygienischer Verhältnisse, der Impfkampagnen, der effektiven Ausschaltung zahlreicher bedrohlicher Kinderkrankheiten und anderer medizinischer Fortschritte – beispielsweise der Entdeckung des Penicillins. Infektionen im Kindesalter waren millionenfache „Mörder“ unserer Vorfahren. Eine Lungenentzündung oder Blinddarmentzündung kam zur Zeit unserer Großeltern oft einem Todesurteil gleich. Heute ängstigt an diesen Krankheiten nur noch die Frage, ob man vielleicht einen Urlaub verschieben müsse. Viele Menschen erwarten heute geradezu, dass jedwede Krankheit „repariert“ werden kann. Sicher werden ärztliche Wissenschaftler auch in Zukunft neue und hervorragende Behandlungsmethoden erfinden. Dies ist auch notwendig, denn gegen die heute typischen Alterungsbeschwerden fehlen uns noch effektive Waffen. Wir fürchten die Alzheimer-Krankheit, den Alterszucker oder die „Verkalkung" der Blutgefäße von Herz und Gehirn; wir sterben an den so genannten Zivilisationskrankheiten – also Herz-Kreislauf-Erkrankungen, Krebs, Diabetes, und Schlaganfall. Den Kampf gegen diese Übel werden allerdings nicht die Ärzte für uns kämpfen, jeder muss diese Schlacht für sich selbst führen. Der Kampf um eine lange Zukunft ist nur zu gewinnen, wenn eigenverantwortliche Vorsorge-Strategien zur Reparatur-Funktion der modernen Medizin hinzutreten.

Mit dem Altern beschäftigen sich viele unterschiedliche Arztgruppen, darunter Gerontologen, Internisten, Gynäkologen, Hautärzte und Endokrinologen. Auch Genetiker, Biochemiker, Epidemiologen und Biologen forschen an vorderster Front. Einige ihrer faszinierenden Erkenntnisse sind: Etwa 25% des individuellen Alterns sind durch genetische Faktoren (die „Erbanlagen") und andere biologische, kaum beeinflussbare Einflüsse vorbestimmt; 75% des individuellen Alterns ist beeinflussbar.

Der soziale Status beeinflusst das Altern – je höher die Position in der Gesellschaft, umso gesünder im Durchschnitt der Mensch und umso besser seine Alterungschancen.

Körperliche und geistige Aktivitäten bestimmen den Lebensstil der „neuen Alten".

Vielleicht werden wir noch erleben, dass das heutige Rentenalter in Zukunft die „Goldenen Jahre“ sein werden. Selbst unsere Sozialsysteme würden von „rüstigen Alten“ profitieren. Jenseits des 90. Lebensjahres nehmen die Krankheitskosten der Menschen deutlich ab. Zwar sind die letzten beiden Lebensjahre für die Krankenkassen die teuersten im Leben jedes Menschen. Erstaunlicherweise sind aber die Gesundheitsaufwendungen für sehr alte Menschen in dieser Zeit um zwei Drittel niedriger als diejenigen der 60- bis 69-Jährigen. Das Ende kommt im hohen Alter meist rasch und sanft, oft mit einer banalen Grippe. Seriöse Forscher behaupten, dass wir alle so sterben könnten.

Info In einer 32 Jahre dauernden amerikanischen Untersuchung wurde bewiesen, dass die Änderung ungesunder Lebensgewohnheiten zu einem Gewinn von durchschnittlich fünf gesunden, beschwerdefreien Jahren führt.

Mancher deutsche Reisende in die USA beobachtet mit mildem Unverständnis den Vitamin-, Schönheits- und Fitnesskult in amerikanischen Seniorensiedlungen. Dieses Unverständnis ist ein Zeichen von Nicht-Wissen; ist ein Zeichen dafür, dass in unserer Kultur noch weithin ein Defizit-Modell des Alterns vorherrscht. Langzeitstudien des Alterns nach amerikanischem Vorbild gibt es in Europa kaum; deutsche Frauen und Männer der 70-plus-Generation verfügen im Allgemeinen über keinerlei Kenntnisse, welche erfolgversprechenden Möglichkeiten der aktiven Altersbewältigung existieren. Der Medienboom der Anti-Aging-Medizin steht uns noch bevor.

Anti-Aging-Medizin ist Vorbeugemedizin („Prävention“). Altersleiden kündigen sich meist frühzeitig an und sind dann leichter zu behandeln als im Spätstadium. Der Vorsitzende des amerikanischen Gentechnikunternehmens „Human Genome Science“ ist der Meinung: „Der Tod ist eine Folge vermeidbarer Krankheiten.“ Viele Genforscher hoffen daher in der Zukunft durch gezielte Genmanipulationen das Leben verlängern zu können. Konkrete, anwendbare Methoden der Gentechnik stehen uns heute aber noch nicht zur Verfügung - das Handwerkzeug der Anti-Aging-Medizin ist einfacherer Art. Ein konkreter Anti-Aging-Plan sollte im Sinne einer ganzheitlichen Lebensbetrachtung auf verschiedenen Säulen ruhen:

- Der Lebensstil muss dem Lebensziel angepasst werden: Dazu zählen anregende körperliche und geistige Aktivitäten, gesunde Ernährung, Vermeidung unnötiger Giftstoffe in Nahrung und Umwelt, positiver Umgang mit Stress, humorvolle Krisenbewältigung, verantwortungsvoller Umgang mit Alltagsdrogen wie Zigaretten und Alkohol. Diese Alltagsdrogen zählen zu den schädlichsten Umweltfaktoren überhaupt; sie zerstören oft mehr, als durch ein komplettes Gesundheitsprogramm aufgebaut werden könnte. Das persönliche Sozialverhalten, der Umgang mit Familie und Freunden, trägt wesentlich zu geistiger Frische und erfülltem Altern bei. Ein gesundes Stressmanagement und gezieltes Entspannungstraining sind wichtige Bausteine eines gesundheitsbewussten Lebens. Die richtigen körperlichen Übungen können uns bis ins höchste

Eine gesunde Ernährung ist wichtiger Baustein eines gesundheitsbewussten Lebens.

Alter beweglich und kräftig erhalten; die körperliche Leistungsfähigkeit im Alter ist im hohen Maße abhängig vom eigenen Lebensstil in der Lebensmitte. Seele und Geist benötigen die gleiche, jahrzehntelange Pflege wie der Körper, damit wir im Alter jung bleiben.

- Die gezielte Nutzung von Ernährung, Mikronährstoffen und Vitalstoffen ist ein wichtiger Baustein jedes Anti-Alterungs-Trainings. Die Ernährung spielt die vielleicht größte Rolle bei der Entstehung oder Vorbeugung typischer Alterskrankheiten wie „Verkalkung“ und Krebs. Eine gezielte Anti-Aging-Ernährung kann die Lebenserwartung nachweislich erhöhen.

Die Zufuhr optimaler Mengen von Vitaminen, Aminosäuren und Mineralien verbessert den Zellstoffwechsel, begrenzt oxidative Schäden und stärkt das Immunsystem. Vitamine und Antioxidanzien können den Körper vor Stoffwechselabfällen und Schadstoffen schützen, die das Altern beschleunigen. Nahrungsmittel und Nahrungsergänzungsstoffe können das Risiko reduzieren, grauen Star oder andere häufige Augenerkrankungen des Alters zu entwickeln. Gehirnwirksame Medikamente („Nootropika“, „Cerebroenergetika“) können geistige Potenziale erhalten, Heilpflanzen und Vitamine können Gedächtnisschwäche und der „Altersverkalkung“ gegenwirken.

Medikamente können der Gedächtnisschwäche und Altersverkalkung entgegenwirken.

Ein alterndes, geschwächtes Immunsystem kann auf natürlichem Wege wieder fit gemacht werden. Ausreichende Sauerstoffzufuhr, evtl. auch gezielte Sauerstoffkuren verbessern die Widerstandsfähigkeit der Körperorgane gegen Schadfaktoren.

• Durch Analyse und Ersatz der natürlichen Hormone, deren Sekretion im Alter langsam nachlässt, lassen sich viele Krankheiten und Beschwerden verhindern. Die individuell unterschiedliche Hormonproduktion bzw. das Ausmaß ihres Abfalls im Alter beeinflusst stark die Lebensqualität.
Manche Hormonforscher sehen in einer gezielten Hormon-Ersatztherapie bereits den Schlüssel zu unbegrenzter Jugendlichkeit. Abnehmende sexuelle Lust und depressive Verstimmungen in den Wechseljahren von Frau und Mann sind nicht unausweichlich. Synthetische Hormonvarianten und hormonähnliche Heilpflanzen lassen uns diese umwälzende Lebensphase sanft überstehen. In wenigen Jahren wird die Gabe von Hormonmedikamenten genauso selbstverständlich sein, wie es die Einnahme von Multivitaminpräparaten heute schon ist.

• Durch aktive Vitalisierungs- und Schönheitstechniken, durch Behandlung krankhafter und störender Alterungserscheinungen kann das äußere Erscheinungsbild der inneren Jugendlichkeit angenähert werden.
Ob Falten, Altersflecken oder Glatze – gegen viele äußerliche Alterszeichen ist ein Kraut gewachsen. Neue, sanfte Techniken der Schönheitschirurgie und Dermatologie lassen Schönheitseingriffe gesellschaftlich akzeptabel werden. In Europa werden die Menschen wie in den USA immer öfters bereit sein, ihr Äußeres gezielt und mit ärztlicher Hilfe dem inneren Selbstbild anzupassen. Ob Face-Lift, Hautlaser oder Fettabsaugung – die Schönheitschirurgie verlässt die gesellschaftlich verpönte „Schmuddelecke".

Viele Menschen fühlen sich weitaus jünger, als es ihrem Alter auf dem Papier entspricht. Alterungsforscher unterscheiden konsequenterweise zwischen „wirklichem" Alter und Geburtstags-Alter. Der Unterschied zwischen beiden kann viele Jahre, selbst Jahrzehnte ausmachen – entscheidend für Lebensdauer und Lebensqualität sind eben ganz individuelle Gegebenheiten, nicht eine isolierte Altersangabe im Personalausweis.

TEST Berechnen Sie doch einfach einmal Ihr eigenes reales Alter!

Beantworten Sie die folgenden Fragen so ehrlich wie möglich. Addieren Sie die Pluspunkte und ziehen Sie die Minuspunkte ab. Zählen Sie diese Zahl zu Ihrem formalen Geburtstags-Alter hinzu - und Sie kennen Ihr wirkliches Alter. Sie wundern sich vielleicht über die Art der Frage oder die Bewertung der einzelnen Punkte: Bei der weiteren Lektüre meines Buches werden Sie lernen, dass alle angeführten Punkte einen wissenschaftlich erwiesenen Einfluss auf das Altern haben können.

Ihre Großeltern
- wurden alle über 75 Jahre alt –1,0
- sind alle vor dem 75. Lebensjahr gestorben +3,0

Haben Sie
- einen Hochschulabschluss –0,5
- einen Hauptschulabschluss +0,5

Haben Sie
- viele Hobbys und Freunde –1,0
- eher weniger Hobbys und Freunde +1,0

Leben Sie
- in einer Großstadt/nahe einem Industriegebiet +1,0
- auf dem Land –1,0

Leben Sie
- in einer festen Partnerschaft –1,0
- allein/getrennt/geschieden +1,0

Ihr Gewicht ist
- normal –0,5
- leicht unter/übergewichtig –0,5
- mäßig übergewichtig +2,0
- stark übergewichtig +3,0

Ihr Blutdruck ist
- normal oder erniedrigt –0,5
- leicht erhöht +1,0
- stark erhöht +3,0

Sie rauchen
- noch nie/seit Jahren nicht mehr –3,0
- nicht mehr seit drei Jahren –1,0
- nicht mehr seit ein paar Wochen +1,0
- seit vielen Jahren regelmäßig +3,0

Sie trinken
- keinen Alkohol +/–0
- 1 bis 2 Gläser Rotwein täglich –1,0
- mehr als 2 Bier/Wein täglich +1,5

Sie schlafen
- mehr als 6,5 Stunden täglich –1,0
- weniger als 6,5 Stunden täglich +1,0

Sie haben
- 2- bis 3-mal pro Woche Sex –1,5
- gelegentlich Sex –0,5
- praktisch nie Sex +1,0

Sie essen
- mehrfach täglich frisches Obst und Gemüse –1,0
- 2- bis 3-mal pro Woche frischen Fisch –1,0
- häufig Fast Food, Süßigkeiten +1,5

Sie treiben Sport
- 5-mal pro Woche –2,0
- 3-mal pro Woche –1,0
- gar nicht +2,0

Sie gehen täglich
- mit Ihrem Hund Gassi –0,5
- mindestens 2 Etagen zu Fuß –0,5

Sie fühlen sich im Allgemeinen
- gut gelaunt und zufrieden –0,5
- seelisch ausgeglichen –0,5
- traurig oder unzufrieden +0,5
- gestresst und überfordert +0,5

Das gute Leben – man ist, was man isst

Das gute Leben – man ist, was man isst

Zahlreiche Zivilisationskrankheiten und Gesundheitsstörungen lassen sich in wesentlichen Teilen auf Ernährungsfehler zurückführen: Herzinfarkt und Bluthochdruck, Diabetes und Übergewicht, Gicht und Durchblutungsstörungen, Knochenentkalkung und Darmkrebs, Leberzirrhose und Verstopfung, Krampfadern und Allergien. Gegen jede dieser Erkrankungen wurden Spezialdiäten entwickelt. Leider wurde festgestellt, dass Spezialdiäten zwar einzelnen Krankheiten wirksam vorbeugen können. So lässt sich die Zuckererkrankung genauso wie die Herzgefäßverkalkung sehr positiv mit einer speziellen „Zuckerdiät" oder „Herzdiät" bekämpfen. Eine solche gezielte Krankheitskost kann die individuelle Lebenserwartung und Lebensqualität des Betroffenen massiv verbessern. Ich kann an dieser Stelle nicht auf Spezialdiäten eingehen. Sollten Sie an einer chronischen Erkrankung leiden, so sprechen Sie Ihren Arzt darauf an, ob eine Spezialdiät sinnvoll ist. Im Buchhandel gibt es für jede Erkrankung den passenden Diätratgeber. Eine durchgehende, statistisch eindeutige Verlängerung der Lebenszeit auch von Gesunden dagegen konnte mit keiner einzigen „Organ-Diät" nachgewiesen werden. Welche Ernährungsweise eignet sich also als vorbeugende Anti-Aging-Strategie?

Die lebensverlängernde Diät – gibt es die?

Es gibt tatsächlich eine einzige Ernährungsweise, deren lebensverlängernde Wirkung bewiesen ist. Viele unterschiedliche Forschungsprojekte sind immer wieder zu einem Ergebnis gekommen – egal ob im Tierexperiment, bei epidemiologischen oder kulturübergreifenden Studien: Leichtes Untergewicht wirkt lebensverlängernd. Von Ratten und Mäusen ist seit 60 Jahren bekannt, dass leicht unterernährte Nager um 30% länger leben als die vollgefütterten Vergleichstiere. Ist die Schlussfolgerung zulässig, dass eine solche Diät das menschliche Leben um 25 Jahre verlängern würde? Würzburger Alternsforscher befragten deshalb 600 „uralte“ Deutschen nach dem Geheimnis ihres langen Lebens. Es stellte sich heraus, dass alle Greisinnen und Greise nicht nur schlank waren – sie „litten“ sogar unter 5–10 % Untergewicht. Keiner von ihnen hatte diesen Zustand allerdings durch irgendwelche Wunderdiäten bewusst angestrebt. Ihre Diät bestand allein aus mäßigem Konsum von vernünftigen Speisemengen. Die Wunderdiät der Hundertjährigen ließ sich folgendermaßen zusammenfassen: Sie nahmen insgesamt über viele Jahre eher wenig zu sich. Sie genossen darüber hinaus wenig fettreiche Nahrungsmittel, Fleisch nur zweimal pro Woche, täglich dagegen frisches Obst und Gemüse, sie genehmigten sich höchstens vier Tassen Kaffee, dafür aber bis zu zwei Gläser Wein oder Bier täglich. Viele der Superalten konsumierten außerdem Vitamin E und Selen in Tablettenform.Vegetarier fanden sich unter ihnen mehr als im Bevölkerungsdurchschnitt – wahrscheinlich deshalb, weil Vegetarier im Allgemeinen schlanker sind als Fleischesser.

Info Eine Bestätigung dieser Diät kommt aus einem einzigartigen Experiment in der Wüste von Arizona. Nahe der Stadt Tuscon hatten amerikanische Wissenschaftler Anfang der Neunzigerjahre eine riesiges, von der Umgebung völlig isoliertes Glashaus errichtet. In diese abgeschlossene ökologische Nische verpflanzten sie für zwei lange Jahre 3800 verschiedene Pflanzen und Tiere – und 8 Menschen. Als einzige Verbindung zwischen dem Inneren dieses Mini-Planeten namens „Biosphäre 2“ und unserer Welt dienten die Sonne, Telefon und Computer – und sonst nichts. Nicht einmal Sauerstoff oder andere Gase hatten eine Chance, nach innen oder außen zu gelangen. Sinn des Experimentes war der Aufbau eines autarken, also völlig unabhängigen Lebenssystems unter völlig autonomen Lebensbedingungen – als ob es sich beispielsweise um eine dauerhafte Raumstation auf dem Mond handeln würde. Wasser, Nahrung, Abfall, Erde, Luft – alles war begrenzt und musste recycelt werden. An dieser Stelle interessiert besonders ein Aspekt: Die sorgfältig ausgesuchten Versuchsteilnehmer konnten täglich höchstens 1800 kcal zu sich nehmen, da das Ökosystem nicht mehr Nahrung produzierte. Ein Arzt namens Dr. Walford war selbst Versuchsteilnehmer und betreute gleichzeitig die Menschen und Tiere medizinisch. Er hatte sich bereits Jahre zuvor in der Alterungsforschung betätigt und fand seine Beobachtungen aus Tierexperimenten bestätigt. Unter der knappen, aber ausgewogenen und vorwiegend vegetarischen Ernährung in „Biosphäre 2" besserten sich Zivilisationskrankheiten dramatisch. Blutdruck, Cholesterin, Blutzucker, weiße Blutzellen, Hautkrankheiten, allgemeine Widerstandskraft und Gesundheit verbesserten sich rasch und nachhaltig. Der Cholesterinwert aller Teilnehmer fiel um 30%. Ihr Blutdruck sank insgesamt und lang dauernd um ca. 20%. Seine Schlussfolgerungen waren eindeutig: Eine qualitätsvolle, niedrig-kalorische Diät ist der Schlüssel zum langen Leben.

„Biosphäre 2" – ein einzigartiges Experiment in der Wüste von Arizona

„FdH" (friss die Hälfte) ist also ein durchaus vernünftiges Ernährungskonzept. Es ist inzwischen fast ein Dogma der Anti-Aging-Medizin, dass nur die Einschränkung der Kalorienzufuhr das Leben nachweislich verlängert. Diese Erkenntnis beruht auf zahlreichen Tierexperimenten bei allen bisher untersuchten Wirbeltieren und vielen epidemiologischen Untersuchungen am Menschen. Immer wieder wurde der folgende Versuch in abgewandelter Form durchgeführt: Man bildete zwei Gruppen von Ratten, Mäusen oder anderen Tieren. Eine Gruppe konnte so viel fressen, wie sie wollte. Die Tiere der andere Gruppe erhielt etwas weniger Nahrung, als sie gerne fressen wollten – sie mussten ein wenig hungern. Alle anderen Lebensbedingungen blieben für beide Gruppen gleich. Das immer gleiche Ergebnis dieser Experimente: Die Mitglieder der hungrigen Tiergruppe lebten eindeutig und deutlich länger. Bereichert um viele Untersuchungen an alten Menschen können diese Experimente sicher auch auf Menschen übertragen werden.

Ärzte und Biologen sind sich heute einig: Die einzig nachweislich lebensverlängernde Kost ist eine Reduktionskost.

Warum lässt uns eine kalorienarme Ernährung älter werden? In unserer Evolutionsgeschichte entspricht das vernünftige Fasten eher dem Normalzustand des Körpers als ein Leben in Überfluss. Zeiten des Nahrungsüberflusses waren immer die Ausnahmen – auf 7 fette Jahre folgten meist 7 dürre Jahre. Gelegentliche Hunger- und Fastenperioden sind daher auch in allen großen Religionen als „Läuterungsphasen" vorgesehen. Jesus fastete 40 Tage in der Wüste, Buddha erlangte die Erleuchtung nach Fastenperioden; Katholiken kennen den wöchentlichen Fastentag am Freitag und die jährliche Fastenwoche vor Ostern; die Mohammedaner fasten im Ramadan, für östliche Religionen ist das Fasten schon immer ein wesentlicher Teil religiöser Übungen gewesen. Der menschliche Körper ist auf geringere Kalorienzufuhr programmiert und der überreichen Zivilisationskost schlecht angepasst.

Info

Eine mäßige Verminderung der Kalorienaufnahme hat zahlreiche positive Folgen auf Körperzellebene:

- Es werden weniger freie Radikale gebildet.
- Die Immunabwehr wird gestärkt.
- Der Eiweißaufbau des Körpers funktioniert besser.
- Krebszellen „verhungern“ (Apoptose der Krebszellen).
- Die „Genexpression“ (Entfaltung der Erbanlagen) bessert sich.
- Enzymsysteme werden angeregt.
- Die Reparaturmechanismen der Erbanlagen DNA arbeiten besser.

Wir wissen bis heute nicht, warum es geschieht – beim Fasten werden als erstes die unerkannten Krebszellen im Körper durch Nahrungsentzug in den Tod geschickt.

Von den ca. 300 bisher bekannten alterungstypischen Veränderungen auf Zellebene lassen sich etwa 85% durch Fasten positiv beeinflussen. Ja tatsächlich – Fasten wirkt gegen Krebs. In jedem Menschen entstehen immer wieder Krebszellen in geringer Zahl. Sie verbergen sich und ruhen, bis sie zum Wuchern angeregt werden (zum Beispiel durch freie Radikale, Zigarettenrauch, Teerstoffe, UV-Strahlen und vieles mehr). Im Allgemeinen hat die gesunde Immunpolizei solche Krebszellen unter Kontrolle. Wenn wir dem Körper weniger Kalorien zuführen, als er eigentlich verlangt, wird ein spezielles „Energie-Sparprogramm“ eingeschaltet. Der Körper merzt als erstes überflüssige Zellen aus – und das sind glücklicherweise auch verborgene Krebszellen. Die Altersforschung hat für dieses erstaunliche Phänomen noch keine Erklärung.

Warum ist die Beeinflussung des Eiweißaufbaus durch Fasten von Bedeutung? Muskeln, Organe, unsere Körperzellen sind aus Proteinen, also Eiweißstoffen, aufgebaut. Proteine sind die Basis gesunder Organe, sie sind wichtig für die Herstellung von Hormonen und Immuneiweißen. Um wirksam zu werden, müssen Proteine nicht nur in den Körperzellen produziert, sondern auch in eine bestimmte räumliche Form gebracht werden. Es gibt also wirksame und völlig uninteressante räumliche Varianten des gleichen Proteins. Das endgültige richtige Design der Proteine wird von so genannten „Heat-Shock-Molekülen“ gesteuert. Durch Fasten wird die Produktion dieser Heat-Shock-Moleküle optimiert. Fasten optimiert so lebenswichtige Eiweißstrukturen.

Durch Forschungen an Würmern haben sich erste Hinweise ergeben, wie lebensverlängernde Gene und lebensverlängerndes Fasten zusammenhängen könnten. Bei Würmern wurden auf einem Gen zwei Signalketten entdeckt, welche die Alterung des Tieres entscheidend steuern. Diese Signalketten unterdrücken oder fördern insulinartige Botenstoffe; abnehmende Mengen der Botenstoffe gingen mit verlängertem Wurmleben einher. Eine wichtige, gesundheitsfördernde Folge einer kalorienreduzierten Kost auch beim Menschen ist wohl das Absinken des Insulinspiegels.

Melatonin und Wachstumshormone sind wichtige Hormone, die dem Altern entgegenwirken. Sie werden nachts viel stärker als tagsüber produziert, fördern so die Regeneration und machen uns fit für den nächsten Tag. Ein gesunder Nachtschlaf mit leerem Magen ähnelt hormonell in vielem dem Winterschlaf der Tiere: Die Zirbeldrüse bildet vermehrt Melatonin und Wachstumshormon, die Sekretion von Geschlechtshormonen wird gedrosselt, Blutdruck und Körpertemperatur sinken leicht ab. Bei Tieren im Winterschlaf sinkt die Körpertemperatur durch starken Melatoninanstieg gewaltig; nur so

Ein gesunder Nachtschlaf mit leerem Magen lässt den Körper vermehrt Melatonin und Wachstumshormone bilden.

reichen die Fett- bzw. Kalorienreserven aus, das Tier über den Winter zu bringen. Aber auch die nächtliche Senkung der Körpertemperatur um drei bis vier Zehntel Grad Celsius beim Menschen entlastet unseren Körper erheblich: Billionen abgekühlte Zellen müssen weniger Energie produzieren. Die eingesparte Energie steht an anderer Zelle zur Verfügung, um die Schäden des Tages zu beheben, krankhafte (Krebs-) Zellen zu beseitigen und den Körper für den nächsten Tag gesunden zu lassen. Ist der Magen nachts dagegen voll, so muss dieses Essen verdaut werden; die Verdauungsleistung nimmt den Körper so in Anspruch, dass die Reparaturvorgänge nur auf Sparflamme erledigt werden können.

Info

Stoffwechselvorgänge sind grob vergleichbar mit einem Automotor: Hohe Leistungen werden bei hochtourig laufendem Motor (tagsüber) möglich; wird ein Motor aber dauerhaft hochtourig gefahren, so verschleißt er schneller und wandert früher auf den Schrott. In niedrigeren Umdrehungsbereichen (nachts) ist die maximale Leistungsfähigkeit zwar geringer; die Reparaturanfälligkeit sinkt jedoch ebenfalls und der Motor kann nahezu unbegrenzt eingesetzt werden.

Dies ist der wissenschaftliche Hintergrund der allgemeinen Erfahrung, dass sich mit leerem Magen besser schläft als mit vollem. Aus dem gleichen Grund macht es einen großen Unterschied, ob wir morgens oder abends fasten. Das morgendliche Fasten ist weit verbreitet – eine Tasse Kaffee als Frühstück auf dem Weg zur Arbeit. Leider stellen sich wichtige gesundheitliche Vorteile nur beim abendlichen Fasten ein. Es ist eine irrige Meinung, dass nur teuere Vitaminpräparate oder Hormonpillen das Leben verlängern könnten. Tausende Amerikaner könnten sich die routinemässige abendliche Einnahme von synthetischem Melatonin sparen, wenn sie abends weniger oder nichts essen würden.

Die „Kaiser-König-Bettler" Kost

Wie lässt sich eine deutliche, lebensverlängernde Kalorienreduktion problemlos in den Alltag integrieren? Ein gangbarer Weg besteht darin, bei jeder Mahlzeit „die zweite Portion", das Nachschöpfen, wegzulassen. Auch ein Speisen bis kurz vor Erreichen des Sättigungsgefühls ist Erfolg versprechend. Wenn immer möglich, sollte auf die Verwendung tierischer Fette beim Kochen verzichtet werden: Also Anbraten mit Pflanzenöl statt Butter, Salatsoßen mit Joghurt statt Sahne, Fischschnitzel statt Schweineschnitzel usw. Ein anderer, etwas ungewöhnlicher Weg ist uralt. Schon vor 3000 Jahren erkannten die Chinesen: „Das Abendessen überlasse deinen Feinden." Viele Menschen haben die Erfahrung gemacht, dass sie sich morgens besonders wohl fühlen, wenn sie abends wenig oder nichts gegessen haben. Diese Erfahrung spiegelt sich im Sprichwort: „Esse morgens wie ein Kaiser, mittags wie ein König, abends wie ein Bettler."

Anti-Aging-Tipp!
Essen Sie abends sehr wenig, also wie ein Bettler!

Das Weglassen der Abendmahlzeit hat tatsächlich verblüffende Auswirkungen. Schon nach 1–2 Tagen wirkt die Haut frischer und glatter. Nach einer Schlemmernacht mit gutem Essen, Rauchen und Alkohol kennt dagegen jeder das eigene graue, verbrauchte Gesicht am Morgen im Spiegel. Wer abends zuviel isst, schläft schlecht – und wer schlecht schläft, erholt sich nicht. Der über 90-jährige Wiener Kardinal König und die 100-jährige englische Königsmutter haben beide ab ihrem 50. Lebensjahr begonnen, als letzte Mahlzeit etwas Obst am Nachmittag zu essen. Ihre körperliche und geistige Fitness 40 Jahre danach ist faszinierend. Wer es ihnen nachmacht, setzt zahlreiche Gesundungsprozesse in Gang. Nach einer Woche Kalorienreduktion steigt das körpereigene Cortisol im Blut an. Das Wuchern krankhafter Zellen (Krebsvorstadien) wird dadurch gebremst. Der Blutzuckerspiegel fällt um 20% ab und nach ca. 3 Wochen sinkt die Insulinproduktion um ca. 50%. Langsam beginnt die körperliche und seelische Entschlackungsphase, die von Anhängern des Fastens schon immer mit euphorischem Lob geschildert wurde. Neben einer deutlichen Gewichtsabnahme sinkt auch die Körpertemperatur in der Nacht wieder ab. Die Auswirkungen dieser leichten Hypothermie: der Energiebedarf der Zellen sinkt, die Mitochondrien schalten einen Gang zurück, es werden weniger freie Radikale gebildet. Der Alterungsprozess wird gebremst. Jede Abendmahlzeit zwingt den Körper dagegen zur nächtlichen Verdauungsarbeit, Energie wird freigesetzt, der Organismus läuft „heiß", statt abzukühlen.

Genießen Sie Ihr Frühstück – und verzichten Sie auf das Abendessen.

Es ist übrigens wesentlich einfacher, trotz gutem Frühstück und Mittagessen an Gewicht abzunehmen, wenn man abends überhaupt nichts mehr isst. Wenn man dagegen morgens, mittags und abends wenig isst, dann schaltet der Körper auf ein „Notprogramm" um. Eine kleine Abendmahlzeit wird dann restlos verwertet, um die „Hungerphase" der Nacht gut durchzustehen. Leider ist es nicht so einfach, aus diesem Jungbrunnen zu trinken. Es zählt zu den ganz festen Gewohnheiten vieler Menschen, abends großzügig zu essen. In vielen Mittelmeerländern ist die Abendmahlzeit sogar die traditionelle Hauptmahlzeit. Der Körper wehrt sich vehement dagegen, eine solche Gewohnheit zu ändern – auch wenn es ihm letztlich nutzen würde. Es braucht einige Zeit, einen neuen Essensrhythmus zu programmieren. Verweigern wir uns das Abendessen, sendet uns unser Organismus unzweideutige Signale: ein langsam wachsendes, immer drängenderes Hungergefühl verdirbt uns den Abend. Glücklicherweise gibt es Strategien, wie wir dem unstillbaren Hunger begegnen können, der uns nachts an den Kühlschrank treibt.

Info

Wer es beispielsweise gewohnt war, um 19 Uhr zu Abend zu essen, sollte ab 17 Uhr zu jeder vollen Stunde einige Gläser leicht gesüßten warmen Kräutertee zu sich nehmen. Ist der Magen mit einer warmen Flüssigkeit gefüllt, meldet sich der Hunger viel später. Aufkeimendes Hungergefühl wird sofort mit einer Tasse warmen Tees unterdrückt. Durch die Flüssigkeitszufuhr wird der Magen überlistet: Die Magendehnung vermittelt dem Körper die Information, dass wir gegessen hätten und unterdrückt Nervensignale, die Hunger entstehen lassen. Die Wärme beruhigt zusätzlich. Mit diesem Trick lassen sich allerdings die nächtlichen Hungerattacken nicht beseitigen.

Der stürmische, kaum beherrschbare nächtliche Heißhunger, der uns aufwachen lässt, entsteht auf komplizierte Weise. Eine Ursache ist Zuckermangel im Gehirn. In angelsächsischen Ländern wird traditionell ein Glas warme Milch auf dem Nachtkästchen gereicht. Ein raffinierter Trick: wer unmittelbar vor dem Schlafengehen ein kleines Stück Schokolade isst oder warme Milch mit Honig trinkt, gleicht den Zuckermangel für einige Zeit aus. Statt mitten in der Nacht hungrig aufzuwachen, wird der Nachtschlaf gefördert. Fette sollten abends in jeder Form gemieden werden. Leicht verdauliche Kohlenhydrate – also Schokolode oder Honig – sind ein vertretbarer Kompromiss. Nach einer gewissen Zeit gewohnt sich der Körper an das fehlende Abendessen und die abendlichen Hungersignale werden versiegen. Von diesem Zeitpunkt an wird der neue Essensrhythmus keine Probleme mehr bereiten. Es gibt noch andere Gründe, die das Weglassen des Abendessens erschweren. Oft ist das Abendessen die einzige gemeinsame Mahlzeit der ganzen Familie. Viele Berufstätige werden

Anti-Aging-Tipp!

Laden Sie Ihre Freunde zum sonntäglichen Schlemmer-Brunch statt zum samstäglichen Abendessen ein. Ein Verdauungsspaziergang an der frischen Luft rundet diese gesunde Alternative lustvoll ab.

auch regelmäßig zu Geschäftsessen am Abend eingeladen. Wie kann man diese Klippen umschiffen? Kompromisse lassen sich nicht vermeiden. Vielleicht gelingt es, zumindest an zwei oder drei Tagen der Woche die Abendmahlzeit wegzulassen. Wenn man dies unter der Woche schafft, so bleibt für die Familie und Freunde noch das Wochenende, an dem ein gutes Essen am Abend zelebriert werden kann.

Ledige Berufstätige könnten wiederum ihre „Fastentage" auf Freitag bis Sonntag legen, um ihre beruflichen Abendessen während der Woche beibehalten zu können. Ein solcher Kompromiss ist zwar nicht ideal, bringt aber immer noch erhebliche gesundheitliche Vorteile.

Wozu sollten Sie 100 Jahre alt werden, wenn es 100 fiese Jahre wären? Deshalb nie vergessen: Essen sollte Spaß machen!

Sollten richtige abendliche Fastentage völlig undurchführbar sein, so sollte man zumindest an 3–4 Tagen auf ein deutlich kalorienreduziertes Abendessen achten. Man sollte also auch bei offiziellen Essen und im Kreis der Familie möglichst auf alle fetten Speisen und auf Alkohol verzichten. So lässt sich am schnellsten und einfachsten die größte Kalorienmenge einsparen. Das ideale Körpergewicht wird über kurz oder lang erreicht, der Körper wird sich insgesamt positiv verändern, das Immunsystem wird gestärkt und der Allgemeinzustand besser werden.

„Chinesische Mittelmeerkost"

Manchem wird es nicht gelingen, die „Kaiser-König-Bettler"-Kost auf längere Zeit durchhalten. Es gibt Alternativdiäten, von denen Ihre Gesundheit ebenfalls profitieren wird. Ihre lebensverlängernde Wirkung ist allerdings nicht so eindeutig nachgewiesen. Meiden Sie zunächst alle „leeren" Kalorienträger – also Zucker, Limonaden, fette Wurst, tierische Fette im Allgemeinen, Alkohol... Hoch erwünscht sind ballaststoff- und nährstoffreiche, naturbelassene Nahrungsmittel – Kartoffeln, Getreide, Rohgemüse, Obst, Nüsse usw. Bei einer solchen Diät vermindert sich die Kalorienmenge pro Mahlzeit auto-

Die Mittelmeer-Küche hat viele lebensverlängernde und schmackhafte Zutaten wie Olivenöl, Kartoffeln und Tomaten zu bieten.

matisch, ohne dass bewusst gefastet werden muss. Eine gute, praktische und bewährte Alternative ist die Kost, wie sie in vielen Ländern des Mittelmeerraums gegessen wird. Als Basis der Ernährung dienen dabei Brot, Teigwaren, Kartoffeln, Reis oder andere Getreidearten. Sie werden (mehrfach) täglich konsumiert; genauso wie frisches Obst und Gemüse, Bohnen, Hülsenfrüchte oder Nüsse. Getrunken werden kalorienarme Getränke (Wasser, Tee) und Wein in kleinen Mengen zum Essen. Einige Male pro Woche werden Fische, Geflügel oder Eier, Käse oder Joghurt gegessen; als Hauptfettquelle dienen Olivenöl oder andere (kaltgepresste) Pflanzenöle. Süßigkeiten und rotes Fleisch dagegeben kommen nur wenige Male im Monat auf den Teller. Diese „mediterrane" Kost wird von nahezu allen Ernährungsforschern als optimal ausgewogene, gesunde Alltagskost propagiert. Sie senkt mit Sicherheit das Risiko zahlreicher Zivilisationserkrankungen. Herz, Gefäße, Fettstoffwechsel, Blutzucker, Gelenke und Muskeln, Darm und Gehirn werden durch diese Kost entlastet und auf einen gesunden Weg gebracht. Sie wirkt krebsvorbeugend und normalisiert das Körpergewicht.

Auch die chinesische Küche kann uns in vielerlei Aspekten als Vorbild dienen. In den 80er Jahren starteten Wissenschaftler der Universitäten von Oxford, Peking und Cornell eine groß angelegte, siebenjährige Untersuchung an 6500 Chinesen aus

ANTI-AGING-TIPP!

Eine kalorienreduzierte Diät macht nur Sinn, wenn die Qualität der gegessenen Nahrung gleichzeitig verbessert wird.

bäuerlichen Landesteilen. Die Chinesen konsumierten 20 % mehr Kalorien als eine Vergleichsgruppe von Amerikanern – waren aber um 20% dünner. Sie bezogen ihre Kalorien allerdings auch nur zu 15% aus Fett, während das Nahrungsfett in Amerika 30–40% aller Kalorien ausmacht. Die chinesische Küche verarbeitet außerdem sehr viel weniger Zucker und weniger tierische Proteine. Obwohl Chinesen kaum Milchprodukte essen und viel weniger Calcium mit der Nahrung aufnehmen, war die Gefahr der Knochenentkalkung bei ihnen deutlich geringer. Dafür lag allerdings der Nahrungsgehalt an Ballaststoffen doppelt so hoch wie bei der amerikanischen Küche. Welche Auswirkungen auf die Gesundheit zeigte die chinesische Kost? Sowohl der Cholesterinwert im Blut als auch die Zahl der Herzerkrankungen lag bei den Chinesen bei einem Bruchteil ihrer amerikanischen Vergleichsgruppe. Brustkrebs war in Amerika fünfmal häufiger, Darmkrebs dreimal häufiger. Obwohl die Kalorienaufnahme der Chinesen höher war, wurde dies durch die qualitativ „bessere“ Art der Nahrungsmittel ausgeglichen: mehr pflanzliche Proteine, weniger tierisches Eiweiß, kaum tierisches Fett, kaum Zucker, viele Ballaststoffe.

Die chinesische Küche kann uns in vielerlei Aspekten als Vorbild dienen.

Eine Mischung aus chinesischer Küche und italienischer Küche wäre vielleicht die ideale, abwechslungsreiche Kost für den normalen Mitteleuropäer.

Maß halten und Fastenkuren

ANTI-AGING-TIPP!
Die Umstellung der Ernährung ist der wichtigste erste Schritt in einem Anti-Aging-Plan.

Parallel zu allen anderen Schritten zur Lebensverlängerung sollte das Idealgewicht erreicht, besser noch: leicht unterschritten werden. Die Betonung muss hier auf „leicht" liegen. Es soll ausdrücklich betont werden, dass ein ständiges, übertriebenes oder sogar krankhaftes Fasten (Anorexie) keinerlei positive Effekte hat. Übertriebenes Fasten bewirkt das genaue Gegenteil einer vernünftigen Ernährung; es macht krank und lässt uns früher altern. Vor allem die Diätexzesse von Jugendlichen und jungen Erwachsenen haben eine massive, gesundheitsschädigende Wirkung. Jede extreme Kostform manövriert uns kurz oder lang in ein Stoffwechseldefizit. Den Neugeborenen von strengen Vegetarierinnen fehlt Vitamin D, Vitamin B12 und Kalzium; Nervenschäden und Gedeihstörungen der Kinder sind möglich. Ältere Menschen ernähren sich oft unabsichtlich stark einseitig, vitaminarm und ohne Abwechslung. Sie verstärken damit nur ihre Altersgebrechen.

Für unsere Ernährung gilt eben die Grundregel jeder Naturheilmedizin und des gesunden Menschenverstandes: Halten Sie Maß. Das Ziel einer Anti-Aging-Diät ist es nicht, Sie massiv an Gewicht verlieren zu lassen. Die Gewichtsabnahme sollte höchstens 25% ihres langjährigen, durchschnittlichen Gewichts betragen. Nur wenn Sie unter ausgeprägtem Übergewicht leiden, ist eine höhere Gewichtsabnahme sinnvoll. Für sehr schlanke Menschen kann selbst eine Gewichtsabnahme von 20% zu viel sein. Während des „Biosphären"-Experiments in der Wüste Arizonas verloren die männlichen Teilnehmer während der zwei Jahre unter der Glaskuppel etwa 18% ihres Körpergewichts, die Frauen sogar nur 10%. Dies reichte aus, um all die beschriebenen positiven Wirkungen auszulösen. Der Gesamt-Fettgehalt der Körper der Männer sank auf 6–10%, der Fettanteil bei den Frauen regelte sich auf 10–15 % ein. Er sollte keinesfalls niedriger sinken, da sonst krankhafte Wirkungen zu erwarten wären. Wenn es während einer Diät bei einer Frau zu Störungen der Regelblutungen kommt, so muss die Diät sofort mit Hilfe eines Arzte verändert werden. Auch vermehrte Müdigkeit, verlängerter Nachtschlaf oder geistige Verlangsamung sind Warnzeichen, dass die Gewichtsabnahme zu schnell oder zu rasch erfolgte. Massives Untergewicht kann eine ernste Krankheit mit tödlichem Ausgang sein – jede langdauernde Ernährungsumstellung sollte von einem Arzt des Vertrauens begleitet werden.

Ein weit verbreitetes Vorurteil sagt, dass Menschen mit dem Alter molliger werden. Das ist eindeutig falsch. Allerdings ändert sich die Körpersilhouette von Männern und Frauen – aus der breiten Trapezbrust des Mannes entwickelt sich tendenziell eine Birnenform mit Betonung der „Schwimmreifen"; aus der Uhrglasform des weiblichen Körpers wachsen Fettpolster um weibliche Hüften und Oberschenkel.
Diese hormonbedingten Umstellungen beeinflussen aber weder Appetit noch Gewicht. Niemand sollte ohne ärztlichen Rat mit radikalen Fastenkuren, Diätpillen oder strengen Abmagerungsdiäten beginnen. Die meisten Fastendiäten funktionieren sowieso nicht – 90 % aller Menschen haben nach einer Fastenkur innerhalb von zwei Jahren wieder ihr altes Gewicht. Jo-Jo-Diäten sind darüber hinaus eine Belastung für Seele und Körper; sie schaden der Haut, dem Selbstbewusstsein und können Haarausfall, Cellulite und Knochenschwund fördern.
Ärztlich überwachte Fastenkuren mit sinnvoll vorgegebenem Ziel eignen sich allerdings dafür, um Körper und Seele gelegentlich zu entschlacken. Solche Fastenkuren unterscheiden sich von Modediäten dadurch, dass sie nach relativ strengen Regeln über einen eng begrenzten Zeitraum durchgeführt werden. Ihr Ziel ist nicht primär die Gewichtsabnahme, sondern eine Re-Vitalisierung. Der Begriff „Entschlacken" wird in diesem Zusammenhang zwar von vielen Ärzten belächelt – da es im Körper angeblich keine „Schlackenstoffe" gäbe. Wer allerdings die tiefgreifenden Wirkungen einer Fastenkur je am eigenen Leib erlebt hat, kann diese wissenschaftliche Skepsis nicht teilen. Fastenkuren sollten genau geplant und vernünftig, unter Anleitung eines erfahrenen Fastenarztes durchgeführt werden. Dann sind sie eine wunderbare Möglichkeit, etwas Wertvolles fürs Jungbleiben zu tun. Zu fast jeder Fasten-

kur gehört der tägliche Genuss frischer, roher Obst- und Gemüsesäfte. Er kann als begleitende Maßnahme zu jeder der anderen Anti-Aging-Strategien empfohlen werden. 2–3 Gläser rohe Obst- oder Gemüsesäfte enthalten frische Vitamine und Mineralstoffe im Übermaß.

ANTI-AGING-TIPP!

Trinken Sie täglich 2–3 Gläser rohe Obst-oder Gemüsesäfte.

Es ist ein weit verbreitetes Vorurteil, dass Menschen mit dem Alter molliger werden. Das ist eindeutig falsch!

Knoblauch, Ginseng und Co. – Jungbrunnen aus der Natur

Seit tausenden von Jahren versteht man in Asien alles Leben, Altern und Sterben als Wechselspiel von Yin und Yang. Yin und Yang stehen für Anfang und Ende, Spruch und Widerspruch, weiblich und männlich, Leben und Tod, für alle Dualitäten des Lebens. Bis auf Zell- und Molekularebene lässt sich das Wechselspiel von Aufbau und Zerstörung, von Yin und Yang verfolgen. Reaktionsfreudige chemische Verbindungen liefern im Zellstoffwechsel einerseits lebensnotwendige Energie, bedrohen andererseits das Räderwerk des Lebens durch molekulares Chaos und Zerstörung. Anti-Aging-Medizin muss ebenfalls diese zwei Seiten des Lebens berücksichtigen: Wo zu wenig ist, muss etwas zugefügt werden: Botenstoffe, Regulationsmoleküle, Vitamine, seelische Ruhe und Hormone... Wo zu viel ist, muss etwas vermindert werden: Genussgifte, falsche Nahrung, negative Gedanke, Stress und freie Radikale...

Yin und Yang – Gegensätze und untrennbare Einheit zugleich

Aber wir müssen nicht nach Asien schauen, um natürliche Heilweisen kennenzulernen. Auch unsere Vorfahren beobachteten sich selbst und die Natur und lernten daraus. Der Lebensstil unserer Urgroßeltern kann uns in vielem als Vorbild dienen. Nicht der nichtsnutzige Müßiggänger, sondern der fromme Ackersmann erlebt in unseren alten Märchen einen erfüllten Lebensabend. Eine „Binsenweisheit" unserer Ahnen lautete daher: „Wer rastet, der rostet." Ein tätiges Leben mit nicht übertriebenen körperlichen Belastungen ist die Basis eines erfüllten Alters. Viele Wissenschaftler sind der Frage nachgegangen, welche Faktoren dazu führen, dass manche Menschen in unserer Gesellschaft besonders alt werden. Nahezu jede Befragung der Greise in unserer Mitte ergibt das Gleiche: Feste Lebensregeln, gesunde Ernährung, unverrück-

Die Suche nach dem Gleichgewicht von Seele und Körper, Maßhalten in allen Dingen, die Absage an Askese und Völlerei entspricht uralter asiatischer Lebensweisheit und entspricht der idealen Anti-Aging-Strategie.

bare Lebensziele, mäßiger aber regelmäßiger Gebrauch von Genussmitteln, ständige körperliche Betätigung, konstante soziale Kontakte und eine intakte Partnerschaft werden immer wieder als Jungbrunnen genannt.

Grüner Tee

Ein Jungbrunnen der asiatischen Medizin ist der grüne Tee. Seit Jahrtausenden ist bekannt, dass grüner Tee die Magensäure und andere Verdauungssäfte anregt. Eine Tasse Tee zum Ende des Essens ist in vielen asiatischen Ländern daher selbstverständlicher Teil der Mahlzeit. Das Teetrinken genießt dort Kult-, teils sogar Religionsstatus. Die biochemische Forschung hat festgestellt, dass grüner Tee auch dem Altern entgegenwirkt. Er enthält pflanzliche Stoffe, die freie Radikale einfangen und unschädlich machen. Koffein oder Kaffee besitzt diese Eigenschaft nicht. Obwohl beide von der gleichen Pflanze stammen, ist grüner Tee viel gesünder als schwarzer Tee – weil er durch einen anderen Herstellungsprozess noch alle Bioflavonoide enthält. Aus gesundheitlicher Sicht ist also eine Tasse grüner Tee am Ende der Mahlzeit weitaus empfehlenswerter als eine Tasse Mokka.

Grüner Tee – ein Jungbrunnen der asiatischen Medizin

Soja

Frauen in Asien fürchten sich weit weniger vor Brustkrebs als ihre europäischen oder amerikanischen Schwestern. Während in Europa jede 10. Frau mit Brustkrebs rechnen muss, schlägt diese furchtbare Erkrankung in Asien viel weniger häufig zu – teils nur bei jeder 100. Frau. Ein Grund für dieses Phänomen ist der unterschiedliche Speisezettel der Menschen – der häufige Genuss von Sojaprodukten in Asien. Die Nahrungspflanze Soja enthält einen östrogenähnlichen Stoff, das Genistein. Genistein schützt die Knochen der Frauen und senkt den Cholesterinspiegel – ähnlich dem Östrogenhormon. An der weiblichen Brust dagegen wirkt es als dessen Gegenspieler, denn es ähnelt in seiner Wirkung einem bedeutenden Medikament gegen Brustkrebs: dem Tamoxifen. Genistein schützt die Brustzellen als Antiöstrogen vor krankmachenden Abbauprodukten der Hormonmoleküle. Sojakonsum senkt auch die Blutfette und ist ein effektiver Schutz vor freien Radikalen. Es enthält größere Mengen von Vitamin E. Empfehlenswert ist der Verzehr von 100–200 g Soja pro Tag – egal ob als Sojasprossen, Sojamilch, Tofu, Tempeh oder Miso.

Sekundäre Pflanzenstoffe

Unter sekundären Pflanzenstoffen versteht man eine Vielzahl chemischer Substanzen, die natürlicherweise in Pflanzen vorkommen. Sie werden von Pflanzen zur Abwehr von Schädlingen, als Farbstoffe, als Geschmackstoffe und Geruchsbildner oder auch zur Wachstumsregulierung gebildet. Die sekundären Pflanzenstoffe sind zusammen mit den Ballaststoffen diejenigen Inhaltsstoffe, die den Genuss von Pflanzen besonders „gesund“ machen. Vegetarier leben nicht nur deshalb länger, weil sie kein Fleisch und wenig tierisches Fett essen. Auch wenn sie die gleiche Kalorienzahl wie ein Fleischesser zu sich nehmen, so essen sie doch erheblich mehr Obst und Gemüse. Fröhlich buntes Obst und Gemüse enthält besonders viel dieser Jungmacher: rote Bete, grüner Salat, gelber Paprika usw. Sekundäre Pflanzenstoffe ergänzen sich ideal mit anderen gesundheitsfördernden pflanzlichen Bestandteilen. Es macht biologischen Sinn, dass in Europa als Abschluss des Essens oft frisches Obst angeboten wird. Obst „verschließt“ zwar nicht den Magen wie Käse, es enthält aber antioxidative Stoffe, die freie Radikale aus der übrigen Nahrung neutralisieren. Viele Obstsorten sind reich an Zellulose und liefern dem Darm die nötigen Ballaststoffe, die er aus Fleisch und Fisch

ANTI-AGING-TIPP!

Der Saft roter Beeren – Weintrauben, schwarzer Johannisbeeren, Preiselbeeren – gehört auf den täglichen Speisezettel.

nicht erhält. Ballaststoffe beschleunigen insgesamt den Verdauungsprozess und verhindern, dass schlackenarme, potenziell krankmachende Nahrungsbestandteile zu lange im Darm „versumpfen". Besonders Äpfel sind als tägliche Obst-Ration sehr empfehlenswert. „One apple a day keeps the doctor away", sagt man in England („ein Apfel am Tag hält den Doktor aus dem Haus").

Auch der tägliche Konsum von Weintrauben kann sehr empfohlen werden. Die Schalen der Trauben enthalten einen Stoff namens Resveratrol. Resveratrol ist ein effektives Antioxidanz, schaltet freie Radikale aus und gilt zusammen mit anderen Stoffen sogar als krebshemmende Substanz. Traubenschalen sind daher kein Abfall, sondern wichtige Gesundmacher, die man mitessen sollte.

Heidelbeeren sind reich an Anthozyaniden. Dieses Flavonoid ist ein Jungbrunnen für die Sehkraft. Anthozyanidin findet sich in allen Beeren mit blauer oder purpurroter Farbe – also roten Weintrauben, schwarzen Johannisbeeren, Preiselbeeren. Auch der Saft dieser Beeren (zum Beispiel aus dem Reformhaus) gehört auf den täglichen Speisezettel. Es hat sich inzwischen herumgesprochen, dass viele Franzosen trotz ungesunder Kost und täglichem Alkoholkonsum erstaunlich gesund sind. Schon lange vermutete man, dass der Konsum von Rotwein dieses „französische Paradox" erklären könnte. Tatsächlich steckt das Geheimnis u.a. in den sekundären Pflanzenstoffen der Kerne und Schalen der Weintraube. Sie werden beim Rotwein – im Gegensatz zum Weißwein – mitvergoren. Wichtige sekundäre Pflanzenstoffe sind Lycopin und Lutein der Tomaten – wie übrigens fast alle roten Pflanzen besonders viele sekundäre Pflanzenstoffe enthalten. Lycopin ist u.a. dafür verantwortlich, dass die mediterrane Küche so gesund ist und Tomaten-Liebhaber gesünder leben. Auch Rote Bete zählen zu den „roten Pflanzen", deren Verzehr aus gutem Grund sehr empfohlen werden kann. Der Nobelpreis-

Rote Trauben und Rotwein – gesunder Genuss

träger A. Szent-Györgyi bezeichnete die sekundären Pflanzenstoffe und Bioflavonoide schon vor vielen Jahren als „Vitamin P“, weil er sie für lebenswichtig hielt.

Ginseng

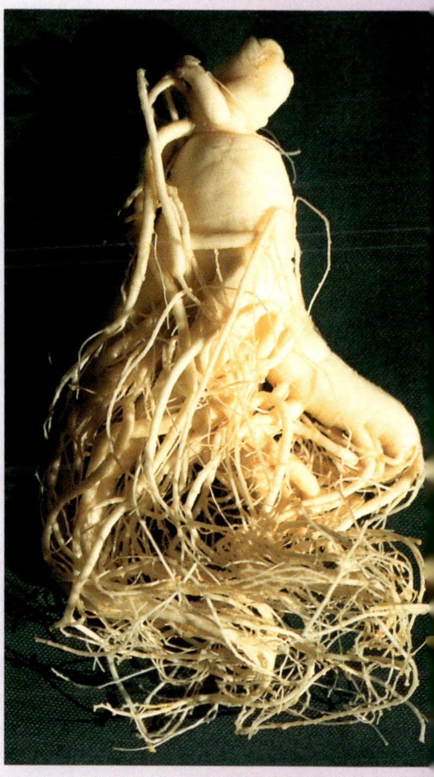

Tausende vertrauen der stärkenden Wirkung von Ginseng.

Ginseng galt und gilt in vielen Kulturen als „Panacea“ – das bedeutet: „Heilmittel für alles“. Russische Kosmonauten kauen Ginseng zum Schutz vor Infektionen; zum Marschgepäck chinesischer und nordvietnamesischer Soldaten gehört die Ginseng-Wurzel. Wie Mao und Henry Kissinger vertrauen Tausende auf die gesundheitlichen Wirkungen dieser Pflanze.

Russische und schweizer Forscher schreiben Ginseng sagenhafte Wirkungen zu: Er soll das Immunsystem stärken, Krebs verhüten, die Vitalität und sexuelle Energie steigern, Blutzucker und Blutdruck senken. Ginseng entfaltet eine belegbar belebende Wirkung, behebt Müdigkeit und Schwächegefühl.

Ginseng enthält eine komplexe Mischung verschiedenster natürlicher chemischer Verbindungen. Zu hoch dosiert, kann Ginseng auch Nebenwirkungen haben: Durchfall, Bluthochdruck, Hautveränderungen, Nervosität, hormonähnliche Effekte und vieles mehr. Leider variiert die Qualität der gängigen Ginseng-Produkte erheblich. Kaufen Sie nur Ginseng-Präparate aus seriösen Quellen, die höhere Konzentrationen der Wurzel enthalten. Russischer Ginseng scheint wertvoller zu sein als amerikanischer, da er weniger hormonähnliche Substanzen enthält und die Nebenwirkungsgefahr wohl geringer ist. Zwar ist eine eindeutige lebensverlängernde Wirkung bisher nicht belegt; die Ergebnisse der Pflanzenforscher und die Erfahrungen zahlreicher, unterschiedlicher Naturheilkundler vieler Länder sind jedoch eindeutig: Ginseng ist eine hochwirksame, wertvolle Heilpflanze. Ihr Genuss als Nahrungsergänzung ist zu befürworten.

Anti-Aging-Nahrung Joghurt und Kefir: Sie enthalten uns freundlich gesinnte Bakterienarten.

Joghurt, Kefir

Joghurt und Kefir zählen zu den kostengünstigsten Lebensmitteln, deren Konsum eindeutige gesundheitliche Vorteile verspricht. Joghurt und Kefir sind fermentierte Milchprodukte. Sie enthalten verschiedene, uns freundlich gesinnte Bakterienarten. Am bedeutsamsten davon ist Lactobacillus acidophilus. Diese Bakterien verwandeln Milch in Joghurt und können auch in unseren Eingeweiden überleben. Seit langem wird Joghurt als natürliche Therapie des Candida-Hefepilzbefalls genutzt, da Acidophilus die Vermehrung von Candida hemmt. Regelmäßiger Joghurtkonsum steigert den Blutspiegel von Gamma-Interferon, einem wichtigen Baustein unserer Immunabwehr. Man schützt sich so vor Infekten und Allergien. Um Joghurt gezielt zu nutzen, genügt der tägliche Konsum von 1–2 kleinen Bechern, die allerdings die aktive Form der Lactobacillen enthalten sollten. Kefir und Joghurt gelten in der Volksmedizin vieler Kulturen als lebensverlängernde Nahrungsmittel. Wissenschaftliche Hinweise auf niedrigere Cholesterinspiegel, saubere Haut und verbesserte Immunabwehrlage unterstützen die Hypothese, dass beide als Anti-Aging-Nahrung geeignet sind.

Kohlgemüse und Kreuzblütler

Der Genuss der vielfältigen Kohlgemüse war in Europa jahrhundertelang selbstverständlicher Teil der Basisernährung. Das Sauerkrautfass im Keller gehörte in jedes Bauernhaus (man denke an die Streiche, welche Max und Moritz der Witwe Bolte bereiteten, als sie Sauerkraut aus dem Keller holte); und im Winter sorgte eingelegtes Sauerkraut vor der Zeit der Kühlschränke dafür, dass die Menschen ausreichend mit Vitaminen versorgt wurden und gesund blieben. Ihre Blähwirkung hat leider dazu geführt, dass Kohlgewächse heute von vielen Menschen gemieden werden. Rosenkohl, Kohl, Blumenkohl und Broccoli zählen zur Pflanzenfamilie der Kreuzblütler. Sie enthalten Substanzen, welche die Entgiftungsfähigkeit der Leber verbessern und vorbeugend gegen Krebs wirken. Wenn man mehr als einmal wöchentlich Kohl isst, so verringert sich das Risiko von Dickdarmkrebs um 66 %. Broccoli war Anfang der 90er Jahre in den USA – zu Recht – das Mode-Gemüse überhaupt. Die Frau des amerikanischen Präsidenten Bush war eine prominente, engagierte Broccolifreundin. Kohlgemüse enthalten zahlreiche Vitamine und können unerwünschte Hormonrückstände eliminieren. Sie sorgen nämlich dafür, dass die Abbauprodukte der körpereigenen Hormone rasch zu harmlosen Resten zersetzt werden und im Darm keinen Schaden anrichten können. Eine Broccoli-Kohl-Diät wird daher jeder Frau empfohlen, die Hormone zur Behandlung ihrer Menopausen-Beschwerden einnimmt.

Zwiebel und Knoblauch

Als weitere, natürliche Jungmacher möchte ich hier noch Zwiebeln und Knoblauch erwähnen. Auch sie sind seit langem als gesunde Gemüse bekannt, ihr Konsum wird aber wie beim Kohl durch den unangenehmen Geruch und die Bläheigenschaft etwas eingeschränkt. Knoblauch ist tatsächlich ein wunderbares Gewächs, das an unseren Universitäten von Pflanzenforschern intensiv untersucht wurde. Er enthält etwa 200 aktive biologische Verbindungen. Man kann diese Pflanze zu Recht als natürliches Antibiotikum bezeichnen, denn Knoblauch zerstört etwa 20 Bakterien- und 60 Pilzarten. Im Zweiten Weltkrieg nannte man Knoblauch das „russische

Knoblauch wirkt günstig auf Herz und Kreislauf und verjüngt die Hautzellen.

Penicillin", weil russische Ärzte beim damaligen Antibiotikamangel viele Wundinfektionen mit Knoblauch heilten. Albert Schweitzer behandelte Amöbenruhr mit Knoblauch. Knoblauch erweitert Blutgefäße, verbessert die Durchblutung und wirkt der Gefäßverkalkung entgegen. Bei täglichem Konsum von zwei Knoblauchzehen über nur vier Monate sinken die Blutfette ab – mit allen positiven Folgen für Herz und Kreislauf. All diese Effekte sind in wissenschaftlichen Untersuchungen zweifelsfrei belegt. Knoblauch verlängert außerdem die Lebensspanne wichtiger Hautzellen, der Keratinozyten, und wirkt auch hier „verjüngend". Chinesische Forscher fanden heraus, dass eine zwiebel- und knoblauchreiche Kost die Häufigkeit von Magenkrebs um ca. 40% vermindert.

Ganz ähnliche Effekte sind auch für Zwiebeln wissenschaftlich belegt, da sie vergleichbar gesunde Schwefelverbindungen wie Knoblauch enthalten. Aufgrund verschiedener Tierexperimente und Ernährungsstudien arbeitet man in den USA fieberhaft an den ersten Anti-Krebs-Medikamenten auf Knoblauchbasis. Die beste Wirkung entfalten noch immer frischer Knoblauch und frische, rohe Zwiebeln: Alle Produkte in Kapselform sind weniger wirksam. Vorerst müssen wir daher akzeptieren, dass sich positive Wirkung und unangenehmer Geruch nicht voneinander trennen lassen.

Getränke

Pfarrer Kneipp entdeckte in Wörishofen im vorigen Jahrhundert, dass man mit Hilfe äußerer Wasseranwendungen viele Gebrechen lindern und heilen kann. Fast wichtiger noch als kalte Wassergüsse ist jedoch die „innerliche" tägliche Wasserkur – viel Trinken. Wir sollten uns schon in jungen Jahren angewöhnen, täglich über den Durst hinaus Wasser und Kräutertees zu uns zu nehmen (mindestens 2–3 Liter täglich). Viel Trinken fördert nicht nur die Nierenfunktion und unterdrückt das Hungergefühl – es eliminiert darüber hinaus schädliche Eiweißverbindungen. Aus dem „Jungbrunnen" des Mittelalters sprudelte also zu Recht – sauberes Wasser: Das kostbare Nass hält Haut und Bindegewebe geschmeidig, regt den Kreislauf an, schwemmt Schlackenstoffe aus. Viele Menschen vermindern mit zunehmendem Alter ihre tägliche Trinkmenge. Dabei trägt unmerklicher Wassermangel erheblich dazu bei, Alterungsprozesse zu beschleunigen und Krankheiten zu fördern. Mit zunehmendem Alter bilden sich im Körper Substanzen, die „karamelisiertem Zucker" ähneln. Sie lagern sich in Haut, Organen und Gehirn ab und führen beispielsweise zu den hässlichen braunen Altersflecken. Diese Zuckerverbindungen sind wasserlöslich und können – zumindest zum Teil – durch reichliches Trinken eliminiert werden. Außer Wasser ist der unbegrenzte Konsum von Kräutertees, Gemüsesäften, grünem Tee und wasserverdünnten Fruchtsäften zu empfehlen. Ein sehr empfehlenswertes, leicht alkoholisches Getränk ist Viez, das ist vergorener Apfelsaft. Gewöhnen Sie sich an, zuhause und am Arbeitsplatz immer Wasser in greifbarer Nähe zu haben; dann schaffen Sie 2 Liter täglich ohne Mühe.

ANTI-AGING-TIPP!

Trinken Sie täglich über den Durst hinaus Wasser und Kräutertees – auf jeden Fall mindestens 2–3 Liter.

Rotwein

Ein altes französisches Sprichwort sagt: „Es gibt viele alte Säufer, aber nur wenige alte Ärzte." Es hat sich inzwischen herumgesprochen, warum das so sein könnte: Rotwein, insbesondere aus jungen Eichenfässern („Barrique"), erweitert die Herzkranzgefäße, macht das Blut dünnflüssiger und beugt dem Herzinfarkt vor. Die heilsamen Inhaltsstoffe sind teilweise bekannt: Phenole behindern die Cholesterinoxidation und schützen so vor Gefäßverkalkung; die Pflanzenfarbstoffe der Flavonoide (Vitamin P) erweitern die feinsten Äderchen; die hormonähnliche, entzündungshemmende Substanz Resveratrol ähnelt in seiner Wirkung den Östrogen-Hormonen, schützt das Herz und hemmt das Krebswachstum. Resveratrol findet sich zehnmal mehr in Rot- als in Weißwein (und besonders reichhaltig in rotem Burgunder). Tannine und andere Gerbstoffe aus frischen Eichenfässern erweitern die Herzgefäße auf direktem Wege.

Rotwein – die „Milch des Alters"

Allerdings dürfen es nicht mehr als 1–2 Gläser täglich sein, sonst stirbt der Genießer möglicherweise durch zu viel Alkohol an Lebererkrankungen oder Speiseröhrenkrebs. Der Wein, die „Milch des Alters", sollte also trotz aller positiven Seiten – wie jedes Genussmittel – in Maßen konsumiert werden.

Traubensilberkerze

Die Ureinwohner Kanadas und Nordamerikas kannten sicher noch nicht den Begriff der Midlife-Krise. Ihre Frauen wussten jedoch genau, womit sie sich in der Lebensmitte bei Hitzewallungen, Hautrötungen und Schweißausbrüchen helfen konnten. Sie nahmen Zubereitungen des Wurzelstocks einer Pflanze, die mit zarten, weißen Blüten in ihren Wäldern wuchs. Diese Traubensilberkerze aus der Familie der Hahnenfußgewächse reguliert den weiblichen Hormonhaushalt auf natürliche Weise. Nicht nur die körperlichen, sondern auch die seelischen Probleme der Lebensmitte lassen sich so innerhalb von 2–3 Wochen sanft regulieren. Eine längerfristige Einnahme der Medikamente, die heute aus Traubensilberkerze hergestellt werden, ist bedenkenlos möglich.

Naturheilverfahren gegen das Altern

Sauerstoff- und Ozontherapie

Sauerstoff ist der Motor jeder höheren Lebensform. Bei Sauerstoffmangel stirbt der Mensch innerhalb weniger Minuten, während er Wasser- und Nahrungsmangel viele Tage und Wochen überleben kann. Viele Forscher haben versucht, durch hochdosierte Gabe von molekularem Sauerstoff lebensverlängernde Effekte zu erzielen. Andere glauben, dass eine besonders reaktionsfreudige Form des Sauerstoffs noch besser heilend in den Zellstoffwechsel eingreifen kann – das Ozon. Die umfangreichsten wissenschaftlichen Untersuchungen zur Sauerstoffbehandlung stammen aus dem Institut von Professor von Ardenne aus der ehemaligen DDR. Nach seinen Forschungsergebnissen lässt sich durch die Kombination von Vitaminen, hochdosiertem Sauerstoff und körperlicher Belastung eine langfristige Umstellung der Blutzirkulation, der Sauerstoffversorgung der Zellen und der Sauerstoffverwertung erzielen. Als Folge dieser Umstellung stellen sich zahlreiche positive Effekte an Herz, Gehirn, Blut, Atmung, Magen-Darm-Trakt, Muskeln und Immunabwehr ein – der ganze Mensch lebt unter dieser „Sauerstoffdusche“ auf. Der Therapieeffekt sei besonders hoch bei geschwächten und älteren Menschen. Zwar sind diese vorbeugenden und heilenden Effekte schulmedizinisch bisher nicht anerkannt. In zahlreichen Naturheilkliniken und Praxen von Naturheilärzten zählen diese Behandlungsformen zur bewährten Anti-Aging-Basistherapie.

ANTI-AGING-TIPP!

Klinische Erfahrungen und naturwissenschaftliche Forschung lassen den Schluss zu, dass die Sauerstoff- und Ozonbehandlung zu den effektivsten naturheilkundlichen Anti-Aging-Strategien zählen.

Homöopathie

Homöopathische Medikamente werden von vielen Patienten und Ärzten als nebenwirkungsarme Alternative zu chemischen Pillen geschätzt. Auch gegen Alterungsbeschwerden werden sie mit Erfolg eingesetzt. Eine große wissenschaftliche Untersuchung an 850 Frauen um das 50. Lebensjahr wurde im Jahr 1999 veröffentlicht. Diesen Frauen wurde gegen ihre Beschwerden der Wechseljahre ein homöopathisches Kombinationspräparat gegeben. Folgende Substanzen waren enthalten: Cimicifuga racemosa gegen vegetative Beschwerden, Sepia gegen Verstimmung, Gereiztheit und Antriebslosigkeit, Strychnos ignatii gegen Traurigkeit und Stimmungsschwankungen, Sanguinaria canadensis gegen Hitzewallungen, Kopfschmerzen und Blutungsstörungen, Lachesis gegen Hitzewallungen, Unruhe und Herzklopfen. Das Ergebnis bei den zuvor häufig schon mit Hormonpräparaten erfolglos behandelten Frauen: ihre Beschwerden besserten sich um ca. 50–70 Prozent. Mehr als 70% wollten die Behandlung nach dem Ende der Untersuchung auf jeden Fall weiterführen. Eine begleitende homöopathische Behandlung kann also andere Medikamente einsparen und viele Altersbeschwerden lindern.

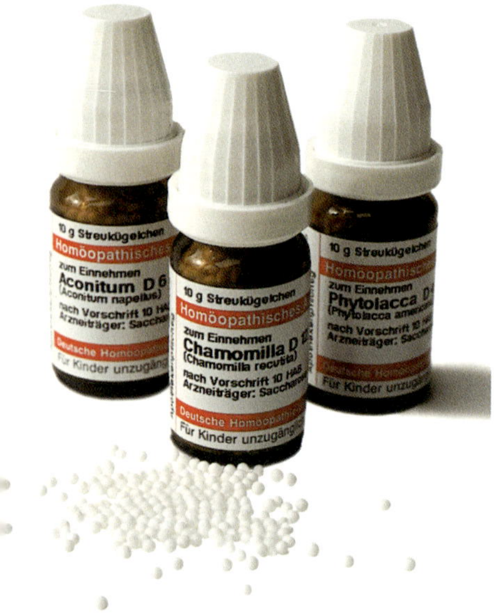

Frischzellentherapie

1931 erfand der Schweizer Chirurg Niehans die so genannte Frischzellentherapie. Für Jahrzehnte entwickelte sich daraus die erste „Anti-Aging-Bewegung“. Prominente aus Politik und Film reizte das Versprechen der „Verjüngung“ zur Frischzellenkur. Die Idee hinter dieser Behandlungsform ist anscheinend ebenso einfach wie überzeugend. Aus den unreifen Gehirn- und Organzellen ungeborener Tiere wurden Extrakte frischer, lebender Zellen hergestellt und dem Menschen injiziert. Durch diese äußere Zufuhr unverbrauchter Organzellen hoffte man, die alternden Organe des Patienten regenerieren zu können. Erfolgsberichte zahlreicher prominenter Politiker und Medienstars popularisierten das Verfahren. Ein wissenschaftlicher Wirkungsnachweis gelang den Frischzell-Therapeuten aber nie. Leider musste man feststellen, dass durch die Injektion der Frischzellen schwerste Nervenerkrankungen übertragbar waren, die man in vieler Hinsicht als Vorläufer des heutigen Rinderwahnsinns BSE bezeichnen könnte. Bekanntlich liegt der Ursprung von BSE in einer Erkrankung des Gehirns von Schafen. Außerdem besteht eine relativ hohe Allergiegefahr – mehrere Dutzend tödliche Zwischenfälle sind dokumentiert. Frischzellentherapie ist heute praktisch verboten und wird nicht mehr angewendet. Sie verdient allerdings als historische Anti-Aging-Therapie unser Interesse.

Bewegung ist Leben

Gut trainierte 70-Jährige können die Leistungsfähigkeit eines untrainierten 25-Jährigen haben – bei entsprechendem „Körper-Tuning".

Gut trainierte 70-Jährige können die Leistungsfähigkeit eines untrainierten 25-Jährigen haben – bei entsprechendem „Körper-Tuning".

Zur beständigen, jugendlichen Fitness gehört das richtige Maß an körperlicher Bewegung. Schon Christoph Wilhelm Hufeland wusste 1797, dass „diejenigen Menschen am ältesten werden, welche anhaltende und starke Bewegung und zwar in freier Luft hatten". Diese Erkenntnis ist jedoch nicht jedem einsichtig. Wissen Sie, was Winston Churchill auf die Frage nach der Ursache seiner Langlebigkeit antwortete? Er sagte: „No sports" – „kein Sport". Diese Anwort macht den Mann zwar sympathisch, zeugt aber in Wirklichkeit nur von seinem berüchtigt spleenigen Charakter. Die letzten Jahre seines Lebens waren für Churchill eine Tortur, da er unter zahllosen Altersbeschwerden litt. Mit etwas Sport, weniger Rauchen und einer vernünftigen Ernährungsweise hätte er es vielleicht geschafft, fit und vital statt als körperliches Wrack zu sterben. Regelmäßige und vernünftige Bewegung erhält nicht nur jung, sondern macht glücklich – buchstäblich. Fast jeder hat schon von den überwältigenden Glücksgefühlen des Marathonläufers beim Laufen gehört – sie treiben die Extremsport-

ANTI-AGING-TIPP!

Um sich jung zu bewegen, muss man sich nicht das Training eines Supersportler auferlegen – im Gegenteil: Ein richtig dosiertes Leichttraining ist gesünder und verlängert das Leben mehr als gelegentlicher Exzessivsport.

ler immer wieder in die scheinbaren Qualen des Trainings. Dieses Gefühl ist für jeden erreichbar. Bewegung setzt körpereigene Glückshormone, natürliche Opiate, Wachstumshormone und glücklich machende Botenstoffe frei.

Es ist keine Erfindung der 90er Jahre, regelmäßige Bewegungsübungen als Jungbrunnen zu propagieren. Franz Kafka beispielsweise ertüchtigte sich 15 Minuten täglich nach einem System, das von dem Dänen Jens Müller erfunden wurde. Dessen „Für immer Jung"-Bestseller namens „Mein System" wurde 1904 etwa 1 Million Mal in Deutschland verkauft. Kafka versuchte, seiner Geliebten die Ertüchtigungsmethode mit Worten schmackhaft zu machen, die auch heute noch gültig wären: „Langsam, systematisch, vorsichtig, gründlich, täglich... anfangen." Warum fiel es der Freundin von Kafka und fällt es den meisten von uns Normalbürgern so schwer, regelmäßig zu sporteln? Weil wir Sport mit stechender Lunge, schmerzhaften Muskeln, Ausgepumptsein und anderen Qualen verbinden. So trainieren 90 % aller Freizeitsportler – und sie alle trainieren falsch. Sport mit hochrotem Kopf an der Grenze der Erschöpfung nützt der Gesundheit überhaupt nicht. Gesunder Sport macht Spaß, ist leicht und macht den Sportler froh.

Durch die erhöhte Sauerstoffaufnahme wirkt schon leichtes körperliches Training wie ein Jungbrunnen. Körperlich Trainierte leiden weniger an Herz-Kreislauf-Erkrankungen, an Tumoren oder Knochenschwund, weniger an Diabetes oder Übergewicht, weniger an Rheuma oder Depressionen.

Zahlreiche Studien haben bewiesen: Das Risiko des frühzeitigen Todes ist bei Aktiven um zwei Drittel geringer als bei Bewegungsfaulen. Langes Leben wird dann gefördert, wenn Sie wöchentlich zwischen 1500 und 3000 kcal versporteln. Nicht mehr und nicht weniger. Gesundes „1500 kcal-Training“ bedeutet: Über die Woche verteilt 2 Stunden Joggen oder Schwimmen, oder 3 Stunden Tennis, 3 Stunden den Garten umgraben, 3 Stunden radeln, 4,5 Stunden schnell gehen, 5,5 Stunden Golf spielen, oder knapp 6 Stunden putzen...

Wer mehr als 3500 kcal pro Woche abarbeitet, verkürzt seine Lebenszeit statistisch wieder – denn ab dieser Belastung kommt es zu zunehmenden Immunproblemen. Das Phänomen ist von Hochleistungssportlern bekannt, die besonders infektgefährdet sind. Erinnern Sie sich nur daran, wie oft Steffi Graf oder Boris Becker ein Tennisturnier wegen einer Infektion absagen mussten...

Wenn es Ihnen gelingt, Ihre tägliche Gehstrecke um 800 m zu erhöhen, senken Sie Ihr Herzinfarktrisiko um ca. 15%; wer täglich etwa 2500 m zu Fuß geht, halbiert sein Herzinfarktrisiko im Vergleich zum Bewegungsfaulen (weniger als 400 m Gehstrecke). Es ist also ganz einfach: Treppengehen statt Aufzug, das Auto nicht vor der Haustüre parken, sondern um die Ecke...

Anti-Aging-Tipp!

Wer 1500 kcal pro Woche durch Bewegung verbrennt, erhält seine Muskelkraft, trainiert das Immunsystem, beugt der Organverfettung vor und verbessert die Sauerstoffversorgung aller Zellen.

ANTI-AGING-TIPP!

Regelmäßige Bewegung senkt das Darmkrebsrisiko um 17 Prozent, Bluthochdruck- und Herzinfarktrisiko um 50%, die Gefahr eines Hirnschlags um die Hälfte und das Risiko von Brustkrebs um bis zu 70%.

ANTI-AGING-TIPP!

Es ist nie zu spät: Auch über 70-Jährige können mit Hanteln und Liegestützen ihre Muskelmasse mehr als verdoppeln.

Nach 3 Monaten regelmäßigem Dauersport hat sich Ihr Körper in eine Fettverbrennungsfabrik verwandelt. Zusammen mit einer vernünftigen Diät beginnt nach dieser Zeit sogar die Aufräumarbeit in Ihren Blutgefäßen: Die vorhandenen Ablagerungen werden wieder abgebaut, überschüssiges Fett wird verbrannt. Der Blutdruck sinkt, die Gelenke werden schmerzfrei und geschmeidig, die Haut rosiger und straffer. Aus der schlaffen Alterssilhouette formt sich langsam wieder eine energiegeladene Körperform.

Wie jeder Aspekt unseres Lebens besitzt auch Sport eine Schattenseite – Yin und Yang auch hier. Bewegungsfreaks und Extremsportler mögen es vielleicht nicht hören – aber Sport verbraucht Energie, und Energieproduktion im Körper geht immer mit der Bildung freier Radikale einher. Spitzensportler verbrauchen sehr viel Sauerstoff und produzieren extreme Mengen der freien Radikale. Sie sind daher auch in besonderem Maß dem Altersverschleiß ausgesetzt – was jedem Sportmediziner klar ist, der ehemalige Spitzensportler betreut. Spitzensportler leiden sehr häufig schon unmittelbar nach ihrer Karriere an typischen Verschleißkrankheiten. Gelenk- und Knochenerkrankungen begleiten sie meist ins Alter. Seit langem ist es bei ihnen aber auch üblich, hohe Dosen schützender Vitamincocktails einzunehmen. Spitzensport ohne Vitamin- und Mineral-„Doping" ist heute undenkbar. Auch Freizeitsportler können sich die Erkenntnisse der Sportmedizin

zunutze machen und sich mit Magnesium, Zink und Carnitin schützen. Auch die Einnahme von Selen ist geeignet, schädliche Aspekte des „heißlaufenden" Stoffwechsels von Sportlern zu dämpfen. Gefährdet sind besonders jene Wochenend-Sportler, die den Bewegungsmangel der Woche durch Extremsport am Wochenende ausgleichen wollen. Es verwundert nicht, immer wieder vom plötzlichen Herztod von Supersportlern beim Training zu hören: Sie überlasten sich in der Euphorie der Höchstleistung zu Tode.
Langsame Trainingssteigerungen über Wochen und Monate sind der einzig vernünftige Weg für Untrainierte. Je früher man mit Sport beginnt, umso besser. Ein Höchstalter für den Beginn aber gibt es nicht – sofern man sein Bewegungsprogramm unter ärztlicher Überwachung beginnt.

Info Das einfache Geheimnis gesunden Sports ist die richtige Dosis: tägliche Ausdauerbewegung bei niedriger Herzfrequenz für Herz, Kreislauf, Fettverbrennung und Gehirndurchblutung, plus leichte Dehnübungen für Gelenke, Sehnen und Muskeln, plus leichtes Muskeltraining für Kraft, Explosivität und Ankurbelung der natürlichen Hormonproduktion.

Wir sollten Gesundheitssport immer so dosieren, dass die Zelle genügend Sauerstoff erhält, um ausdauernd fit zu bleiben. Nach dem Sport sollten wir sehr rasch wieder fit sein – und uns keinesfalls stundenlang kaputt fühlen. Die Muskelzelle darf keinesfalls über längere Zeit unter Sauerstoffmangel leiden – sonst ist die lebensverlängernde Wirkung sofort verloren. Man nennt diesen richtigen Trainingsbereich im Sauerstoffüberschuss den „aeroben" Bereich – der Bereich, wo Ihnen genügend Luft bleibt, noch zu lächeln. Auch die beste Fettverbrennung findet im „aeroben" Belastungsbereich statt – Lunge und Kreislauf schaffen dabei genügend Sauerstoff heran, sodass der Muskel seine Energie durch Fettverbrennung gewinnen kann. Bei höheren Belastungen dagegen kommt es rasch zu Überlastungen der Muskelzellen, die Muskulatur gerät in ein Sauerstoffdefizit. Dieser „anaerobe Bereich" der Belastung hat keine wesentlichen positiven gesundheitlichen Auswirkungen mehr. Im anaeroben Belas-

Der optimale Trainingsbereich kann einfach an der Pulsfrequenz erkannt werden.

tungsbereich wird Energie nicht mehr aus Fettabbau, sondern aus der Verbrennung von Kohlenhydraten und Muskeleiweiß gewonnen.
Der optimale Trainingsbereich kann einfach an der Pulsfrequenz erkannt werden – dem körpereigenen, unbetrügbaren Leistungsmesser. Die Pulsfrequenz ist die Häufigkeit des Herzschlags pro Minute. Man misst sie entweder mit speziellen Pulsmessgeräten für Sportler – oder wie Ihr Arzt: Legen Sie die Fingerkuppen von Zeige-, Mittel- und Ringfinger der linken Hand gleichzeitig auf das Handgelenk der rechten Hand über den dort fühlbaren Puls. Schauen Sie auf Ihre Armbanduhr und zählen Sie 15 Sekunden lang Ihren Pulsschlag. Diese Zahl mal 4 genommen ergibt die Pulsfrequenz pro Minute. Der aerobe, gesunde Leistungsbereich liegt beim Hobbysportler bei einer Herzfrequenz von etwa 90–130 Schlägen pro Minute.

Profis suchen zur Ermittlung der richtigen Trainingsbelastung einen Sportmediziner auf. Der setzt sie auf ein Standfahrrad, schließt EKG und einen Pulsmesser an, und beim verschieden schnellen Strampeln nimmt er immer wieder einen Tropfen Blut aus dem Ohrläppchen. Im Blut wird der Laktatwert gemessen – der Milchsäurewert. Und an diesem Wert kann man exakt ablesen, bei welcher Pulsfrequenz der ideale Trainingsbereich liegt.

Info

Richtwert für die eigene Belastbarkeit kann die Hälfte der „maximalen, altersbezogenen Leistungsfähigkeit“ sein. Diese Höchstbelastung kann man grob berechnen, wenn man 220 Pulsschläge nimmt, davon das eigene Lebensalter abzieht. Wenn der Sport so anstrengt, dass die Pulsfrequenz auf Dauer auf die Höhe der Hälfte dieses Wertes ansteigt, dann haben sie ein gutes Maß an Belastung erreicht (Beispiel: Lebensalter 60 Jahre; 220 minus 60 = 160 Pulsschläge/Minute = maximale altersbezogene Leistungsfähigkeit; 50% von 160 = 80 Pulsschläge/Minute = ideale Pulsfrequenz für Ausdauersport). Selbst bei jüngeren Menschen ist es unter gesundheitlichen Gesichtspunkten wenig sinnvoll, die Belastung über eine Pulsfrequenz von 135 ansteigen zu lassen.

Pulsmessgerät fürs Handgelenk

Während des Trainings kann man den eigenen Puls am besten mit einem speziellen Pulsmessgerät kontrollieren, das Sie in jedem Sportgeschäft finden. Anfänger wechseln Geh- und Laufphasen alle 5 Minuten ab. Versuchen Sie, die Gehzeiten allmählich zu reduzieren und die Laufphasen zu verlängern.
Noch einfacher, zählen Sie beim Joggen einfach mit: Ein-Ein-Ein-Aus-Aus-Aus. Drei Schritte einatmen, drei Schritte ausatmen. Sie müssen ziemlich langsam laufen, um diesen Rhythmus durchzuhalten. Aber es geht uns ja auch nicht um den Ehrgeiz, der schnellste zu sein. Wir wollen „nur" das Beste für unsere Gesundheit; übertriebener Ehrgeiz ist hier völlig unangebracht. Ihr Ehrgeiz kann Sie am Anfang leicht verführen, schneller und länger zu laufen, als es der Idealpuls erfordert. Halten Sie sich im Zaum – treten Sie kürzer, sobald der Puls zu hoch ansteigt. Die Zielphase der Fettverbrennung erfordert tatsächlich relativ wenig Belastung.
Alle 15 Minuten sollte man einen kräftigen Schluck Apfelschorle trinken – nur so können Sie Erschöpfungszustände durch Entwässerung vermeiden; wenn ein Motor trocken läuft, gibt es zu schnell einen Kolbenfresser.

Info

Wie oft und wie lange muss man trainieren, um immer jünger zu werden? Bei täglichem Training genügen Übungszeiten von 15–20 Minuten. Training jeden 2. Tag erfordert mindestens 25–30 Minuten Dauer, beim Training 2-mal pro Woche sollte mindestens eine halbe Stunde trainiert werden. Ein einmal wöchentliches Training ist zu selten; es hat wahrscheinlich keine wesentlichen positiven gesundheitlichen Auswirkungen.
Sportliches Training sollte immer langsam begonnen werden.

ANTI-AGING-TIPP!

Der wichtigste Grundsatz bei der Auswahl des richtigen Sports: Er muss Ihnen Spaß machen.

Ein bewährtes Rezept gegen die eigene Trägheit ist Musik. Stülpen Sie sich einen Kopfhörer über den Kopf, legen Sie ihre Lieblingskassette in den Walkman – und joggen Sie los. Eine lockere, treibende Musik verleiht den Beinen Flügel – man muss sich richtig zurückhalten, um nicht zu schnell loszurennen. Ich stelle den CD-Spieler am Gürtel meist auf „Random" (Zufallsauswahl). So höre ich jedes Mal ein anderes Programm, freue mich aber auf die mir bekannten Titel und weiß genau: Noch vor Ende der CD bin ich wieder zu Hause. Meist finde ich es deshalb schade, schon aufhören zu müssen und freue mich aufs nächste Mal umso mehr.

Nur wenn Spaß und Lebensfreude Ihre Bewegungsübungen begleiten, werden Sie sich auf Dauer dazu aufraffen können und sie tatsächlich zu einem unverzichtbaren Teil ihres Lebens machen. Beim Sport sollte man Probleme vergessen, und Körper, Geist und Seele im Einklang spüren. Beweglichkeit, Koordinationsvermögen, Kraft und Gesundheit gibt es dann als Sahnehäubchen dazu.

ANTI-AGING-TIPP!

Das beste Programm:
- *regelmäßiges, pulskontrolliertes Leichtlauftraining*
- *bewusste Ernährung*
- *zielorientierte mentale Übungen.*

Der ideale Anti-Aging-Sport ist ein Ausdauersport mit gleichmäßigen Bewegungsabläufen und guter Dosierbarkeit. Eher meiden sollte man Sportarten, die ein großes Maß an Körperbeherrschung, hohen Krafteinsatz und Schnelligkeit voraussetzen. Wegen erhöhter Verletzungsgefahr sind alle Kampfsportarten, aber auch Fußball, Handball oder alpiner Skilauf weniger geeignet. Ideal sind dagegen Jogging, flottes Wandern, Gymnastik, Skilanglauf und Radfahren, Schwimmen, Golf und einfache Ballspiele, Tischtennis, Federball, Tennis, Rudern, Paddeln oder Reiten.

Um dem natürlichen, alterungsbedingten Abbau der Muskelmasse zu begegnen, sollten sich auch Gegner des Body-Buildings dem mäßigen Krafttraining nicht verschließen. Das moderne Krafttraining ergänzt eine Basissportart ideal. Als Trainingsgeräte genügen neben dem eigenen Körper ein Stuhl, Gewichtsmanschetten oder Kurzhanteln. Nach vorherigen Aufwärmübungen genügen damit 2- bis 3-mal wöchentlich wenige Trainingsserien für die Alltagsmuskulatur. Die besten Übungen kann man sich mit entsprechenden Ratgebern selbst erarbeiten; ideal ist allerdings, in einem Sportstudio ein kleines Übungsprogramm ausarbeiten zu lassen.

Im Gegensatz zum Ausdauertraining sollte man beim Krafttraining immer an die maximale Leistungsgrenze gehen – allerdings nur für sehr kurze Zeit. Danach gibt man dem Muskel Zeit, sich zu erholen. Diese Art der anaeroben Kurzzeitbelastung setzt andere Stoffwechselprozesse in Gang als Ausdauertraining im aeroben Bereich. So kurbelt es beispielsweise die Produktion der Wachstums- und Geschlechtshormone an und ist damit das natürlichste Glücksdoping der Welt.

Verjüngung im Schlaf

Je besser man schläft, umso glücklicher und gesünder lebt man. Schlafmangel schadet dem Immunsystem und macht im Extremfall anfälliger für Infektionen und Krebs. Chronischer Schlafmangel scheint den Alterungsprozess des Gehirns zu beschleunigen. Möglicherweise ist die verkürzte Schlafdauer des alternden Menschen kein Segen, sondern ein Symptom der versiegenden Jugendhormone:
Weil wir altern, produzieren wir weniger Wachstumshormone, Geschlechtshormone, Melatonin... und deshalb schlafen wir weniger – und altern immer schneller. Wer täglich eine Stunde zu wenig schläft, hat am Ende der Woche Schlafschulden von einem Tag. Versuchen Sie einmal, sich wenigstens 4-mal pro Woche 7–8 Stunden Schlaf zu genehmigen: Ihre Tage werden um einiges heller, frischer und vitaler sein.

ANTI-AGING-TIPP!

Schlafen Sie genug! Sorgen Sie im Schlafzimmer für ein „meditatives" Ambiente. Das Schlafzimmer sollte mäßig warm und gut gelüftet sein.

Im Schlaf läuft die Beseitigung der Freien Radikale auf Hochtouren; im Schlaf regenerieren die Körperzellen, und heilende Wachstumshormone durchfluten den Körper. Körperliche Bewegung fördert den Schlaf, am besten vormittags, aber auch (mäßiger) Sport am Abend wirkt wie eine Schlaftablette. Meiden Sie (stimulierende) Zigaretten und Alkohol am Abend.

Alkohol macht zwar schläfrig, stört aber die gesunden Schlafphasen und die normale Hormonproduktion der Nacht. Zwei Stunden vor dem Einschlafen nichts mehr essen – Blutzuckeranstieg und heftige Verdauung können wach halten. Ein warmes Milchgetränk vor dem Schlafengehen beruhigt, sättigt für die Nacht und macht müde.

Einer der schlimmsten Störenfriede ist Lärm. Stoppen Sie nächtlichen Lärm im Notfall mit Ohrstöpseln. Fertigen Sie vor dem Zubett-Gehen eine Liste mit den Aufgaben des nächsten Tages. Wenn Sie aufwachen und an unerledigte Sorgen denken, notieren Sie es und schlafen Sie dann weiter.

Und was tun, wenn trotz all dieser Hilfen der Nachtschlaf nicht kommen will? Lassen Sie die Finger von chemischen Schlafmitteln. Versuchen Sie Melatonin (siehe Seite 90). Probieren Sie die Wirkung von Baldrian, Hopfen und Passionsblume (in vielen pflanzlichen Beruhigungsmitteln enthalten). Vielleicht hilft ein homöopathisches Mittel, zum Beispiel Arsenicum album C30 oder Belladonna C30, 1 Kügelchen zur Nacht.

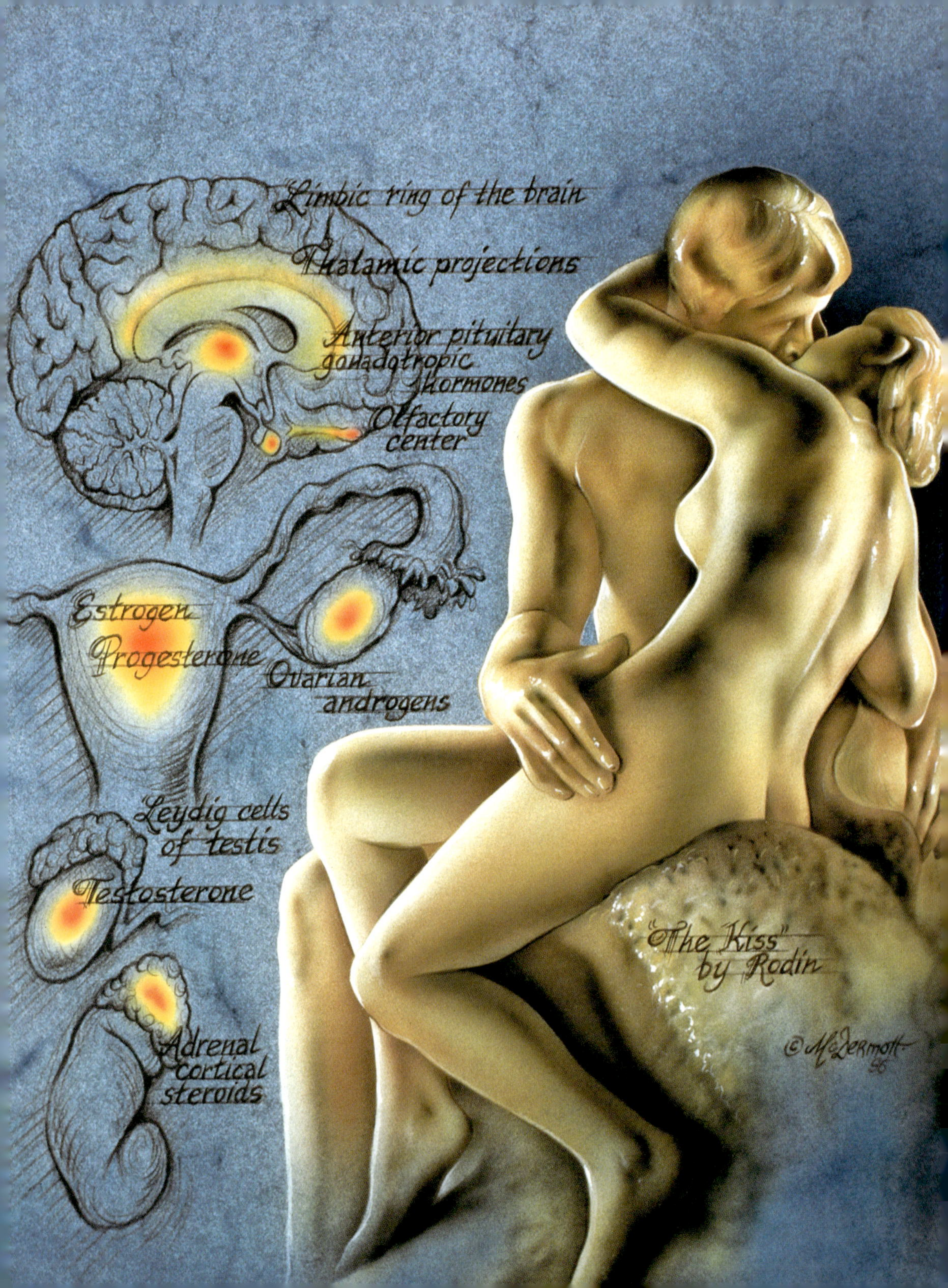
Limbic ring of the brain
Thalamic projections
Anterior pituitary gonadotropic hormones
Olfactory center
Estrogen
Progesterone
Ovarian androgens
Leydig cells of testis
Testosterone
Adrenal cortical steroids
"The Kiss" by Rodin
© McDermott 96

Jungbrunnen Hormone

Hormone regeln das feinverzahnte Wechselspiel von Körper, Seele und Geist. Je mehr wir darüber lernen, umso mehr staunen wir über die Raffinesse und feine Abstimmung der hormonellen Regelkreise. Bei Schlaf und Wachheit, Sex und Zeugung, Wachstum und Altern, Stress und Entspannung, Hunger, Hass und Liebe – bei allen wichtigen Lebensfunktionen begegnen wir diesen geheimnisvollen Substanzen. Bei Hormonmangel wird das Leben schwierig bis unmöglich, das Altern wird beschwerlich und verläuft rascher. Hormone sind chemische Verbindungen, die in normalen Körperzellen, meist aber in eigenen Organen (den Hormondrüsen) gebildet werden.

Info

Einige wichtige Hormone sind

- die Wachstumshormone
- die Sexualhormone der Hoden, Eierstöcke und Nebennieren (Östrogene, Testosteron, Progesteron, Pregnenolon, DHEA und andere)
- die Hormone von Hirnanhangdrüsen und Nebennieren (ACTH, Cortisol, Adrenalin u.a.)
- die Schilddrüsen- und Bauchspeicheldrüsenhormone (Thyroxin, Insulin)
- das Melatonin der Zirbeldrüse

Über das Blut und die Gewebsflüssigkeit breiten sie sich im Körper aus und regulieren zahlreiche Lebensfunktionen. Die größte Hormondrüse ist die Bauchspeicheldrüse von der Größe einer Doppelsemmel, die kleinste ist die Zirbeldrüse, die nicht größer als ein Zitronenkern wird.

Alle Hormondrüsen arbeiten wie ein großes Orchester zusammen. Viele Hormone kontrollieren sich gegenseitig.

Bei guter Arbeit und perfekter Koordination halten sie uns gesund und glücklich; der gesunde Mensch bemerkt jahrzehntelang nichts von ihrer Arbeit. In der Mitte des Lebens aber erlebt jeder Mensch über kurz oder lang die Folgen der natürlichen, altersbedingten Hormonabnahme.

Bei Frauen setzen zwischen dem 45. und 52. Lebensjahr die Wechseljahre ein.

Menopause und Männerpause – die Hormonfalle in der Lebensmitte

Die Natur hat Frauen mit vielen biologischen Privilegien ausgestattet. Bis zur Lebensmitte, also so lange sie Kinder gebären können, stehen sie unter einem besonderen hormonellen Schutz. Sie sterben in diesem Alter seltener und erleiden weit weniger Herzinfarkte als gleichaltrige Männer. Viele Frauen fühlen sich zwischen dem 40. und 50. Lebensjahr auf der Höhe ihres Lebens. Danach allerdings erleben und erleiden sie schneller und deutlicher die Folgen hormoneller Umbrüche, denen niemand entgehen kann.

Frauen in den Wechseljahren („Menopause“)

Die Wechseljahr der Frau beginnen meist schon Jahre vor dem Einsetzen der typischen klimakterischen Beschwerden. Bis Ende Dreißig sind vorzeitige Alterungserscheinungen fast nur Folge eigenen Fehlverhaltens – zu viel Rauchen, zu viel Sonne, falsche Ernährung, zuviel Stress... Schon zu Beginn der Vier-

ziger bemerken aber viele Frauen die ersten körperlichen und seelischen Zeichen der kommenden Hormonrevolution. Vielleicht nimmt das Gewicht zu, ein leichter Bauchansatz wird bemerkbar, die Brust schmerzt mehr als früher, die Beine sind vor der Regelblutung schwer und schmerzen.... Irgendwann in diesen Jahren schleichen sich unerklärliche Stimmungsschwankungen ein, eventuell folgen Überlastungsgefühle, trockene Haut und Schleimhäute, brüchige Nägel, Haarausfall, trockene Augen, Gelenkbeschwerden und nachlassende Lust an Sex. Das Bindegewebe kann schwächer werden, an den Beinen treten Krampfadern, Besenreiservarizen und Cellulite hervor. All dies sind typische Merkmale der sich anbahnenden Wechseljahre („Prämenopause").
Ursache all dieser Beschwerden sind Abbau- und Alterungsprozesse in den Eierstöcken (Ovarien) der Frau. Zwischen dem 45. und dem 52. Lebensjahr setzen die Wechseljahre richtig ein. Die Menopause beginnt, wenn keine Eizellen mehr heranreifen. Im ersten Jahr nach der Menopause ist der Östrogenspiegel im Blut noch 30–50% so hoch wie vor den Wechseljahren. Die Hormonmenge sinkt danach langsam weiter ab. Laut medizinischer Definition ist eine Frau dann im Klimakterium, wenn sie ein Jahr lang keine Blutungen mehr hatte. Etwa 1–3 Jahre nach der letzten Blutung ist der Wechsel meist abgeschlossen; eine Schwangerschaft ist nach dieser Zeit im Allgemeinen nicht mehr möglich.
Die Wechseljahre sind selbstverständlich keine Krankheit, sondern eine natürliche Entwicklung. Für viele Frauen haben aber die spürbaren Folgen der Hormonveränderungen Krankheitswert. Jetzt fehlen die Eierstockhormone, die Haut trocknet langsam aus, wird schlaff und fahl. Kollagen und Bindegewebe werden weniger, die Hautempfindlichkeit nimmt zu. Braune „Altersflecken" werden sichtbar – Pigmenteinlagerungen der oberen Hautschichten. Ältere Frauen müssen nicht nur ihre Hautpflege umstellen, weil ihre Haut trocken wird. Auch die Schleimhäute trocknen aus; neben Augen-, Nasen- und Magenschleimhaut nicht zuletzt auch die Scheide. Jede zweite Frau klagt über Trockenheit der Scheide, Harntröpfeln oder Blasenkatarrh. Auch dabei spielt ein Hormonmangel, das Androgendefizit, eine entscheidende Rolle. Und weil der weib-

liche Körper weniger der männlichen Geschlechtshormone (Androgene) bildet, so lässt die Muskelkraft nach und ein schwimmreifenförmiger Fettansatz um die Hüften droht. Was besonders vielen Frauen zu schaffen macht, sind die Veränderungen ihrer Haare. Beim Waschen verlieren sie mehr Haare als früher, die Haare wirken stumpf und brüchig. Frauen über 60 müssen sich vor allem vor Knochenschwund schützen. Die buckelige Greisin ist in Märchen allgegenwärtig – alte Frauen waren vor einigen Generationen immer buckelig, da ihre Wirbelsäule durch Knochenschwund zusammenbrach. Ursache dafür ist der Hormonmangel der Wechseljahre. Nicht nur den Knochen, auch den Blutgefäßen fehlt der Schutz der Östrogene. Deshalb drohen plötzlich „typisch männliche" Krankheitsbilder: Herzkrankheiten, Herzinfarkt, Bluthochdruck, Herzstolpern...

Wenn nicht schwerwiegende Gründe dagegen sprechen, sollte heute jede Frau die enormen Chancen einer individuellen Hormon-Ersatzbehandlung nach den Wechseljahren nutzen können. Nur bei wiederholten Embolien in der Vergangenheit oder hormonabhängigem Brustkrebs ist davon deutlich abzuraten. Daneben sollte aber auch über den Ausgleich eines Mangels anderer Hormone, wie Testosteron, DHEA, Wachstumshormone, Vitamin D3 oder Melatonin gesprochen werden. Hier herrschen auch unter Ärzten noch große Wissenslücken, oft sind beispielsweise die Zusammenhänge von Herzkrankheiten und Hormonmangel unbekannt. Es lohnt daher, einen spezialisierten Arzt mit Interesse an der Anti-Aging-Behandlung aufzusuchen. Wenn eine Frau sich gegen die Hormonersatztherapie entscheidet, stehen viele naturheilkundliche und pflanzliche Präparate zur Verfügung, um die Beschwerden der Wechseljahre zu lindern.

Männer in den Wechseljahren („Andropause")

Männer altern anders als Frauen. Beim Mann vermindern Hoden und Nebennieren ihre Hormonproduktion schleichend über Jahre und produzieren Testosteron bis ins hohe Alter. Manche Männer sind bis ins hohe Alter beschwerdefrei, andere leiden schon in jungen Jahren unter deutlichen hormonellen Schwierigkeiten und einer massiven Einschränkung ihrer Lebensfreude. Irgendwann erlebt aber jeder Mann, dass die Geschlechtshormone in seinem Blut deutlich abgesunken sind, meist zwischen dem 45. und 65. Lebensjahr. Ein Mann mit Alterungsbeschwerden muss heute noch eher mit Witzen als mit Verständnis rechnen. Glatzenbildung, Altersspeck, Tränensäcke und Altersflecken werden von der Mehrheit als erste Anzeichen der verblühenden Jugend ignoriert oder bespöttelt. Tatsächlich erleben aber viele Männer in der Mitte ihres Lebens eine echte Lebenskrise – die berühmt-berüchtigte „Midlife-Crisis“. Die Wechseljahre des Mannes sind ein so neues wissenschaftliches Thema, dass es mehrere Begriffe dafür gibt. Manche Wissenschaftler nennen diese Zeit in Anlehnung an die Menopause der Frau die männliche „Andropause“. Andere sprechen vom PADAM-Syndrom („Partieller Androgenmangel Des Alternden Mannes“).

Die Wechseljahre des Mannes sind ein neues wissenschaftliches Thema.

Haarausfall scheint vielen Menschen das einzige Zeichen dafür, dass auch Männer Hormonprobleme haben könnten. Dabei ist gerade der männliche Haarausfall nicht Folge eines allgemeinen Hormonmangels oder Überschusses, sondern nur Ausdruck einer übermäßigen Empfindlichkeit der Haarwurzeln auf männliche Hormone. Spätestens um das 50. Lebensjahr wird jeder Mann auch andere Alterungszeichen an sich feststellen: Tränensäcke und Hautprobleme, Seh- und Hörstörungen. Zahlreichen Männern drohen lebensgefährliche Herz-Kreislauf-Erkrankungen – ein Mangel des weiblichen Hormons Östrogen scheint dabei neben Ernährung und Rauchen eine wichtige Rolle zu spielen. Auch die Haut des Mannes wird trockener

Haarausfall scheint vielen Menschen das einzige Zeichen dafür, dass auch Männer Hormonprobleme haben können.

und faltiger, Altersflecken verunzieren Hände und Gesicht. Wie bei der Frau ändert sich die Körpersilhouette des Mannes mit dem Alter. Nicht nur falsche Ernährung und zuviel Alkohol, sondern auch die Hormone fördern die Ausbildung des männlichen „Rettungsringes" um den Nabel. Wenn trotz unveränderter Ernährung und Lebensgewohnheiten der Bauchansatz wächst, kann ein Testosteronmangel verantwortlich sein.

Fast jeder Mann beobachtet mit den Jahren, dass seine Potenz nachlässt. Der Körper produziert weniger Spermien, morgendliche oder nächtliche Erektionen werden schwächer und seltener, die Lust auf Sex nimmt ab. Die Brust kann wachsen und die Hoden können an Größe verlieren. Aber auch im geistigen und seelischen Bereich verändert sich vieles. Schaffenskraft, Durchsetzungsvermögen und Widerstandskraft scheinen abzunehmen. Die Konzentrationsfähigkeit lässt nach. Mancher Mann kämpft mit ständiger Müdigkeit, andere leiden unter Schlafstörungen und Hitzewallungen. Innere Unruhe, erhöhte Reizbarkeit und Nervosität zeigen der Familie und Umgebung, dass das seelische Gleichgewicht gestört ist. Deutlich erlebt mancher den weichen Kern hinter der rauen Schale als Niedergeschlagenheit bis zu regelrechten Depressionen. All dies können typische Zeichen eines schleichenden Hormonmangels sein.

Nicht nur das männliche Geschlechtshormone kann dem Mann fehlen. Auch der Mann produziert und benötigt Östrogene („weibliche" Geschlechtshormone) – ein 35-jähriger Mann erzeugt etwa 30% der Östrogenmenge einer gleich alten Frau. Selbst das Gelbkörperhormon Progesteron (siehe Seite 81) wird vom Mann gebildet – in seinen Nebennieren. Beim Mann scheint dieses Hormon als eine Art Schutzhormon für Nerven und Gehirn zu dienen. Die Nebennieren dienen bei beiden Geschlechtern als eine Art Ersatzdrüse. Mit zunehmendem Alter ersetzen sie einen Teil der Hormone, die nicht mehr aus den Geschlechtsdrüsen kommen.

Möglicherweise schützt das weibliche Hormon Östrogen den Mann vor Herz-Kreislauf-Erkrankungen. Östrogen setzt im Blut das Gas Stickstoffmonoxid frei und dieses verbessert die Durchblutung genauso gut wie die bekannten Herzpräparate auf Nitro-Basis. Hoher Blutdruck, Gefäßverkalkung und Herz-

durchblutungsstörungen könnten – neben anderen Ursachen – durch den wachsenden Östrogenmangel ab dem 50. Lebensjahr ausgelöst sein. Die Östrogengabe als Herzschutz ist zur Zeit noch problematisch – welcher Mann nimmt schon eine „Verweiblichung" in Kauf? Die Industrie entwickelt aber bereits östrogenähnliche Stoffe, denen diese unerwünschten Wirkungen fehlen.
Frauen vor und in den Wechseljahren werden seit Jahren von Frauenärzten, Frauengruppen und Selbsthilfeverbänden fürsorglich betreut. Auch für Männer wird der Hormonhaushalt, seine Störungen und ihre Behandlung künftig zum selbstverständlichen Thema werden. Dies gilt zumindest für diejenigen, die mehr Spaß in ihren besten Jahren wollen und im Alter noch fit und aktiv leben möchten.

Info

Folgende Hormonbestimmungen in Blut und Speichel (Hormonstatus) sollte Ihr Arzt veranlassen, bevor er eine Hormonersatzbehandlung beginnt:
DHEA (-S), FSH, Testosteron, 17-Beta-Östradiol, SHBG (Sexualhormon-Bindungsglobulin), Androstendion, Prolactin, TSH, PSA.
Sinnvoll können auch die folgenden Ergänzungen sein:
freies Testosteron, freies Östradiol, IGF1(Wachstumsfaktor), IGF1-Bindungsprotein, STH (Somatotropin), GRHF (Growth releasing hormon factor), Östron, Pregnenolon, Melatonin, Aldosteron, Parathormon, Cortisol.

Die wichtigsten Geschlechtshormone

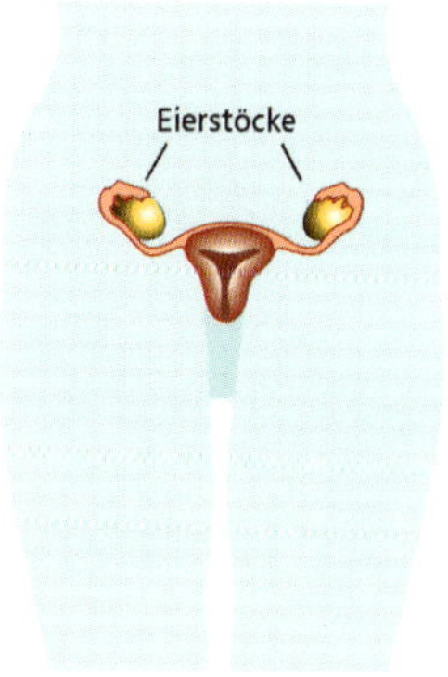

Östrogene

Östrogene, die weiblichen Geschlechtshormone, sind Ursache und Inbegriff der Weiblichkeit. Interessanterweise können auch Fettzellen und Gehirnzellen Östrogene produzieren. Wenn die „Hormonfabrik" der Eierstöcke ihre Produktion drosselt, so machen die Fett- und Gehirnzellen den Hormonverlust zumindest teilweise wieder wett. Deshalb leiden man-

ANTI-AGING-TIPP!

Die wichtigsten Beschützer der weiblichen Knochen und Gelenke sind die Östrogene. Durch eine Hormonersatzbehandlung kann das Risiko von Knochen-, Wirbelsäulen- oder Gelenkbrüchen der älteren Frau um ca. 70% gesenkt werden.

che Frauen kaum unter den Wechseljahren. Der ganze Mensch ist davon berührt, wenn Östrogene fehlen. Knochenentkalkung, Haarausfall, Falten und trockene Haut, Libidoverlust und Erschöpfung, Hitzewallungen und Depressionen sind bei der mittelalten Frau typische Zeichen fehlender Östrogene. „Eingerostete Gelenke", ziehende Fingerschmerzen beim Aufwachen und Kreuzschmerzen kündigen von einer beginnenden Knochenentkalkung („Osteoporose") – ebenfalls eine Folge von Östrogenmangel. Natürlich spielen auch die Erbanlagen, falsche Ernährung, Nikotinmissbrauch oder Bewegungsmangel eine Rolle bei der Entstehung der weiblichen Ostoporose.
Östrogene beugen der Gefäßverkalkung vor und verhindern Thrombosen. Sie verbessern auf natürliche Weise die Gefäßdurchblutung und sorgen damit für die jung erhaltende Sauerstoffversorgung der Organe. Typisch für Östrogenmangel ist eine nachlassende Erinnerungs- und Konzentrationsfähigkeit; die Hormone wirken verjüngend auf das Gehirn. Eine winzige Dosis Östrogen hat bei vielen Frauen die gleiche „anregende" Wirkung auf Wachheit und Konzentration wie eine Zigarette – allerdings ohne deren Nebenwirkungen. Auch die äußeren Zeichen weiblicher Schönheit sind eng an den Hormonspiegel geknüpft: Straffe, glatte Haut, seidige Haare, stabile Nägel sind östrogenabhängig. Fehlt das Hormon, wird die Scheide trocken und empfindlich, die Gesichtshaut wirkt müde und verbraucht, das Körpergewicht steigt an. Selbst das versehentliche Harntröpfeln des Alters ist Folge des Hormonmangels.

Praktische Anwendung

Am Anfang jeder Hormonersatzbehandlung steht eine Hormonanalyse durch den Arzt. Im Gegensatz zur Vitamingabe gilt hier eindeutig: Keine Hormongabe ohne nachgewiesenen Hormonmangel. Stellt der Arzt zu niedrige Werte fest, so kann man sich heute bedenkenlos für die Hormonanwendung entscheiden. Die Industrie stellt Östrogene als Tablette, als Salbe oder Pflaster zur Verfügung. Die Art der Anwendung variiert mit dem erhofften Nutzen. Während die „Anti-Baby-Pille" mit künstlichen Hormonen arbeitet, wird in der Anti-Aging-Behandlung das natürliche Östrogen bevorzugt. Migräne lässt sich eher mit Östrogensalben behandeln, während ein hoher Cholesterinspiegel eher auf Hormontabletten reagiert. Gegen nächtliche Hitzewallungen hat sich eine abendliche Östrogenanwendung bewährt. Schmerzen und Steifheit der kleinen Fingergelenken können mit Östrogensalben wegmassiert werden. Wenn bei der Messung der Knochendichte eine schleichende Entkalkung festgestellt wurde, kann die Hormonbehandlung auch bei völligem Wohlbefinden sinnvoll sein. Wenn sich Zeichen des Hormonmangels nur an Haut oder Gelenken zeigen, so genügt oft das Auftragen hormonhaltiger Gele oder Cremes. Trockene Augen und eine trockene Scheide lassen sich mit Hormonsalben „anfeuchten"; ein trockener Mund kann durch Lut-

Übersicht wichtiger Hormone und deren Produktionsstätten bei Frau (links) und Mann

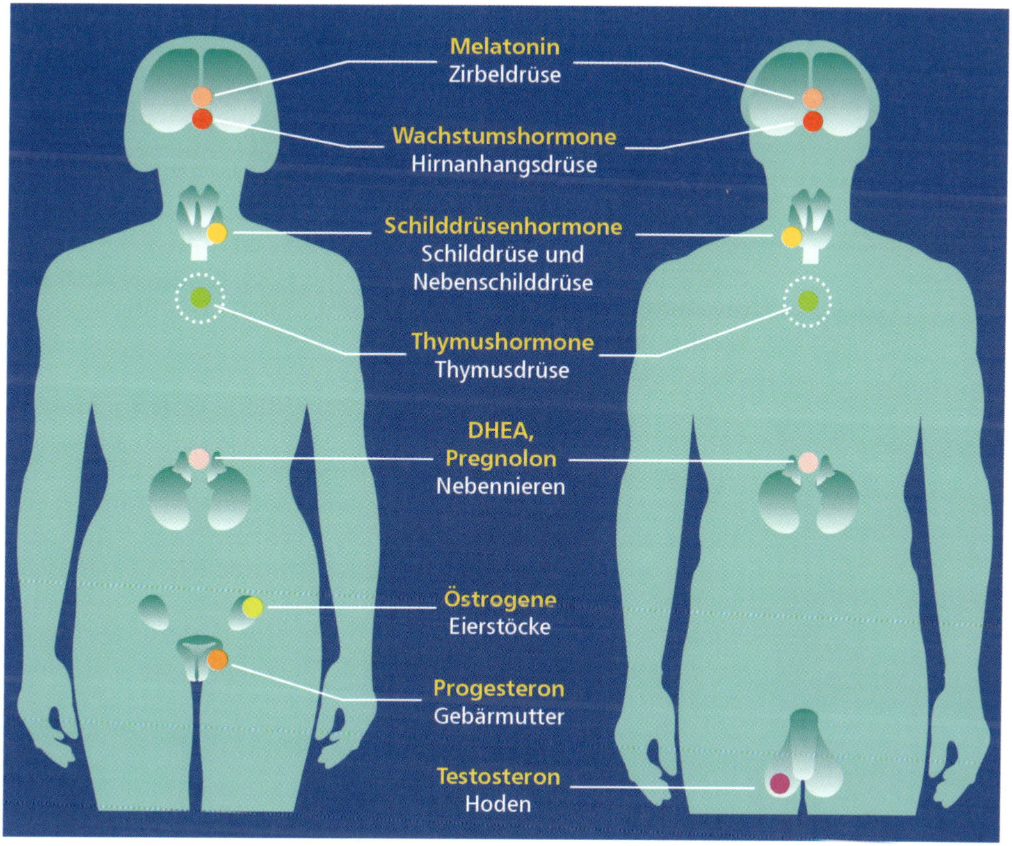

schen einer Hormontablette behandelt werden. Jede Östrogen-Ersatztherapie sollte möglichst niedrig dosiert werden. Die Dosis der Hormone wird so gewählt, dass die Beschwerden sich gerade bessern. Auch Östrogen-Salben sind hochwirksame Medikamente. Das Hormon wandert rasch in die Haut und kann bei hoher Dosierung ins Blut gelangen. Die äußerliche Hormonbehandlung muss daher wie jede Tabletteneinnahme genau nach ärztlicher Verordnung angewendet werden. Überdosierungen führen rasch zu Spannungsgefühlen in der Brust, zu Beklemmungszuständen und unter Umständen auch zu Thrombosen. Häufig müssen sich Patientin und Arzt langsam an die richtige Dosis herantasten.

Leider müssen viele Frauen in Kauf nehmen, dass die bereits verschwundenen Monatsblutungen unter der Hormonbehandlung wieder einsetzen. Glücklicherweise muss die Hormonbehandlung nicht bis ans Lebensende, sondern nur einige Monate bis Jahre durchgeführt werden.

Nach einiger Zeit wird die Behandlung ausgesetzt; nur wenn die unerwünschten Beschwerden wiederkommen, dann muss die Behandlung erneut für eine gewisse Zeit weitergeführt werden. Jede Frau muss selbst entscheiden, ob sie die Mühen der Regelblutung wieder auf sich nimmt, um die Beschwerden der Wechseljahre zu bekämpfen.

Viele Effekte einer Östrogenbehandlung lassen sich auch durch eine veränderte, gesündere Lebensweise, Pflanzenprodukte und Vitamine erzielen.

Es liegen inzwischen viele wissenschaftliche Untersuchungen vor, ob auch der alternde Mann von Östrogenen profitiert. Die Verträglichkeit war sehr gut, Verweiblichungstendenzen gab es praktisch keine. Die positiven Wirkungen waren meist frappierend: Gereiztheit und innere Unruhe schwanden, Libido und Selbstwertgefühl nahmen zu, oft wurde das Wasserlassen leichter, der Cholesterinspiegel sank. Selbst Gelenk- und Rückenschmerzen besserten sich. Richtig dosierte Östrogengaben könnten in Zukunft auch für Männer ein Himmelsgeschenk werden.

Progesteron – Gestagene

Das zweite wichtige weibliche Geschlechtshormon ist das Progesteron. Früher dachte man, Progesteron sei nur zur Aufrechterhaltung der Schwangerschaft nach der Befruchtung erforderlich. Der Mutterkuchen (Plazenta) in der Gebärmutter der Frau produziert Progesteron nämlich in großen Mengen, um das Wachstum des Embryos zu unterstützen. Wir wissen heute, dass viele Organe auch außerhalb einer Schwangerschaft auf Progesteron angewiesen sind und unser Altern von Progesteron beeinflusst wird. Auch Gehirnzellen können Progesteron synthetisieren. Nach Umbau in andere Hormone beeinflusst es dort viele Gefühlslagen und Stimmungen.

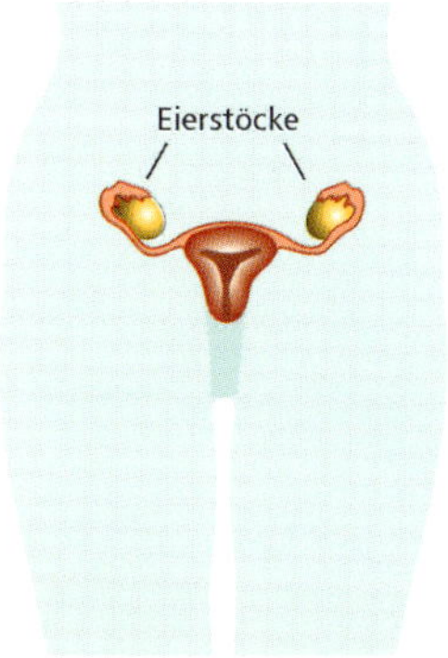

Die Verstimmung und Nervosität mancher Frauen in den Tagen vor ihrer Regelblutung hat ihre Ursache meist im niedrigen Blutspiegel von Progesteron in dieser Zeit. Oft kann diese unangenehme Phase durch geringste Mengen Progesteron aufgehoben werden. Die schlagartige Besserung der Befindlichkeit durch die Hormongabe wird manchmal als regelrechte Befreiung erlebt. Andere Zeichen eines Progesteronmangels der Frau sind unregelmäßige Blutungen, Faltenbildung, Venenbeschwerden, Besenreiser-Äderchen der Beine, Brustspannen und Wasserstau. Indirekt hilft das Hormon sogar bei der Regeneration von Nervenzellen. Vielleicht eröffnet sich damit eine Behandlungsmöglichkeit für viele Nervenkrankheiten.

Progesteron sorgt auf chemisch ähnlichem Weg wie Valium (Diazepam) für seelische Ausgeglichenheit.

Zweimal tägliches Einmassieren eines Progesteron-Gels lindert oft die unangenehmen Venenschmerzen; zuvor muss allerdings eine Thrombose ausgeschlossen werden. Wir wissen noch nicht genau, auf welche Weise Progesteron hormonelle Brustschmerzen (Mastodynie) lindert. Möglicherweise – wie an den Beinen – geschieht dies durch eine Engerstellung der Blutgefäße. Zweimal tägliches Eincremen der schmerzhaften Brust beseitigt das Problem oft rasch. Vitamine können diese Wirkung verstärken (Vitamin E, Beta-Carotin). Auch die altersbedingte Blasensenkung der Frau kann mit Hormonen behandelt werden.

Die Spannkraft und Schönheit der Haut resultiert unter anderem daraus, dass in mittleren Hautschichten das Stützprotein Kollagen in großen Mengen vorhanden ist. Mit zunehmendem Alter wird weniger neues Kollagen gebildet, der Kollagenabbau dagegen nimmt eher zu. Auch hier können Hormone helfen: Östrogen regt den Kollagenaufbau an, Progesteron verlangsamt seinen Abbau. Es ist damit ein Gegenspieler von Nikotin, Sonne und anderen äußeren Hautbelastungen, denn Progesteron verlangsamt das enzymatische „Zerschneiden" des Kollagens durch Kollagenasen. Als vorbeugende Behandlung der Kollagenschwäche in der Haut ist Progesteron in den USA inzwischen etabliert. Vielleicht besitzen wir in Zukunft Hormon-Cremes, die das Einspritzen von künstlichem Kollagen zur Faltenbeseitigung fast überflüssig machen.

Praktische Anwendung

Im Gegensatz zu Östrogenen kann der Arzt Progesteron nicht als Pille verordnen. Im Magen und Darm würde das Hormon sehr rasch zerstört, ohne seine Wirkung entfalten zu können. Als Ersatz hat die pharmazeutische Industrie künstliche Ersatzstoffe geschaffen, die Gestagene. Sie sind in vielen Verhütungspillen zugesetzt, haben aber leider an Nerven und Venen nicht die gleiche Schutzwirkung wie echtes Progesteron. Die wirksamsten Progesteron-Medikamente zur Anti-Aging-Therapie sind bisher die Progesteron-Zäpfchen zum Einführen in die Scheide.

Testosteron

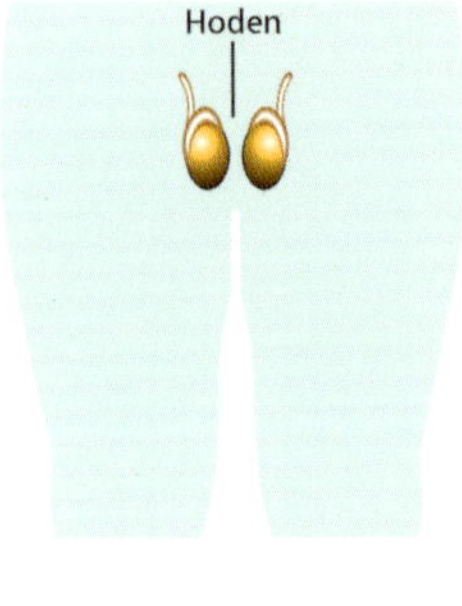

Männlichkeit entsteht durch die männlichen Geschlechtshormone, die Androgene. Die wichtigsten Androgene sind Testosteron und Androstendion. Sie lassen den Mann erst zum Mann werden: Die steigende Testosteronproduktion in der Pubertät lässt Bart und Brusthaare wachsen, steuert den Stimmbruch, vermännlicht Brustkorb und Muskelbau und lässt sexuelle Bedürfnisse entstehen. Testosteron fördert „typische" männliche Eigenschaften, wie Aggressivität und Durchsetzungsvermögen. Außerdem lässt das Hormon die Samenfäden reifen – ohne ausreichend Testosteron ist ein Mann unfruchtbar. Testosteron wird beim Mann in bestimmten Zellen der Hoden produziert.

Auch die Frau produziert in ihren Eierstöcken Testosteron – sogar sehr viel höher konzentriert als Östrogen. Das Testosteron der Frau wird zu einem nicht geringen Teil zu Östrogen umgebaut. Die Restmenge beeinflusst dann Lustempfinden und Sexualität der Frau. Außerdem dient sie dem Aufbau des Bindegewebes, reguliert die Fettverteilung und das Körpergewicht. Wenn eine Frau bei intakter Partnerschaft darunter leidet, dass ihr Lustempfinden und ihr sexuelles Verlangen versiegen, dann muss bei ihr nach einem Androgenmangel gefahndet werden. Androgenmangel der Frau entsteht nur dann, wenn sowohl Eierstöcke als auch Nebennieren zu wenig Androgene produzieren. Wenn sich der „typisch männliche Schwimmreifen" aus Fett am Bauch der Frau zeigt, so deutet dies ebenfalls auf einen Mangel an männlichen Hormonen hin. Eine Androgenbehandlung kann die Fettzellen für die Verbrennung während einer Diät „öffnen" – der „Schwimmreifen"-Fettbauch schmilzt leichter, wenn die Fettzellen von innen oder außen mit Testosteron versorgt werden. Manche glücklichen Männer produzieren auch in höherem Alter noch Hormonmengen wie in ihren „besten Jahren". Starke körperliche Arbeit oder Hochleistungssport können bei „normalen" Männern dazu führen, dass die Testosteronproduktion abnimmt. Viel bedeutender ist, dass die Testosteronproduktion ab dem 35.-40. Lebensjahr jährlich um 1–2% zurückgeht. Jeder fünfte Mann zwischen 60 und 80 hat einen deutlichen Testosteronmangel.

Hochleistungssport kann dazu führen, dass die Testosteronproduktion abnimmt.

Knochenentkalkung oder Osteoporose wird selbst von vielen Ärzten oft noch immer für ein reines Frauenproblem nach den Wechseljahren gehalten – völlig falsch! Knochenschmerzen oder Knochenbrüche drohen auch Männern „aus heiterem Himmel", wenn ihre Geschlechtshormone weniger werden. Wenn ihr Lebensabend nicht im Rollstuhl enden soll, bietet sich auch bei Männer eine vorbeugende Hormontherapie an.

Praktische Anwendung

Um den Testosteronwert zu bestimmen, genügt im Allgemeinen eine einfache Blutuntersuchung. Sehr niedrige Werte gelten in jedem Fall als krankhaft und sollten behandelt werden. Je nach Lebensalter und Beschwerden kann es aber auch bei Werten innerhalb der „Normalzone“ sinnvoll sein, Testosteron von außen zuzuführen. Wie bei jeder Hormonbehandlung kann nur der Arzt mit dem Patienten zusammen entscheiden, ob und wann eine Behandlung einsetzten sollte. Eine bequeme Art der Testosteronbehandlung sind Depotspritzen, alle 2–4 Wochen in den Muskel der Pobacke. Andere Formen sind tägliche Kapseleinnahmen oder Pflaster, die auf Hodensack oder Haut geklebt werden und das Hormon ständig in kleinen Mengen abgeben. Viele Studien beweisen, dass durch diese Behandlung fast alle Beschwerden der „Wechseljahre des Mannes“ positiv beeinflusst werden können. Während der Behandlung muss lediglich die Prostata regelmäßig untersucht werden. Testosteron kann zwar keinen Krebs erzeugen, aber einen bestehenden Prostatakrebs etwas schneller wachsen lassen. Frauen können ihren Blutspiegel am Powerhormon Testosteron erhöhen, ohne eine Vermännlichung zu fürchten. Sie brauchen nur viel Zink (aus Austern, Müsli oder Tabletten) und Eiweiß zu essen.

Am häufigsten wird Testosteron beim Mann zur Bekämpfung mangelhafter sexueller Lust eingesetzt. Zuvor sollte allerdings geklärt sein, ob wirklich ein Hormonmangel die Ursache des Sexualproblems ist. Sehr häufig steckt hinter mangelhafter Lust ein Partnerproblem. Wenn sich zwei Menschen auseinander gelebt haben, kann auch eine Hormonbehandlung dieses Problem nicht lösen; hier ist eher eine psychotherapeutische Partnerbehandlung sinnvoll. Andererseits lohnt sich eine Hormonuntersuchung immer, denn eine Psychotherapie kann keinen altersbedingten Hormonmangel ausgleichen.

Die Anwendung von Androgenen bei der Frau ist bei richtiger Dosierung unproblematisch. Bei ausgeprägtem Libidoverlust verordnen Frauenärzte zuweilen das Testosteron als Zäpfchen. Überdosierung kann allerdings zur „Vermännlichung“ führen – erinnern Sie sich an die verstärkte Behaarung, tiefere Stimme und die breiten Schultern der Schwim-

merinnen aus dem Ostblock in den 70er Jahren? Sie hatten zu viel männliche Hormone als Doping-Mittel eingesetzt.
Wenn männliche Hormone zum Fettabbau angewendet werden, so sollte man sie am besten unmittelbar vor sportlicher Betätigung in die Problemzonen einmassieren und zusätzlich Carnitin einnehmen (siehe Seite 111). Diese Kombinationsbehandlung von Sport, Testosteronsalben und Carnitin ist sehr effektiv – bedarf jedoch sorgfältiger ärztlicher Überwachung, um Hormonüberdosierungen zu vermeiden. Warnzeichen einer beginnenden Überdosierung ist eine unreine Haut – die Behandlung muss dann für einige Tage ausgesetzt werden. Verkneifen Sie sich aber vorerst den bequemen Weg, amerikanische Testosteronsalben via Internet für den Heimgebrauch zu besorgen. Die Nebenwirkungen der Hormonsalben sind ohne ärztliche Blutüberwachung unkalkulierbar.

Androstendion

Androstendion ist ein männliches Hormon, das durch Dopingskandale in jüngster Zeit in die Schlagzeilen geriet. Es ist in amerikanischen Drugstores als Nahrungsergänzungsmittel erhältlich – zur Leistungssteigerung und gegen Alterungsbeschwerden.
Forscher der ehemaligen DDR hielten das Patent auf die Einnahme von Androstendion über die Nasenschleimhaut. Bei der Anwendung des Hormons als Spray oder Tablette wird aus ihm in der Leber rasch das männliche Geschlechtshormon Testosteron gebildet. Sehr rasch kann man die Testosteronmenge im Körper so vervielfachen – und dieser Effekt wurde und wird leider in breitem Stil zum illegalen Doping von Hochleistungssportlern missbraucht.

Die Androstendionbildung sinkt mit dem Alter ständig ab. Sein Spiegel ist beim 80-Jährigen etwa halb so hoch wie beim 20-Jährigen. Seine positiven Wirkungen sind mit denen des Testosterons vergleichbar, die Nebenwirkungen auf Leber und Prostata sollen bei einer niedrigen Dosis relativ gering sein. Als Anti-Aging-Medikament liegen sehr viel weniger Erfahrungen vor als mit Testosteron, weshalb diesem zurzeit der Vorzug zu geben ist.

DHEA – die „Mutter aller Hormone"?

Seit den 80er Jahren wird das Hormon DHEA in den USA intensiv erforscht. Es zählt dort heute zu den am meisten verkauften Produkten zur Erhaltung der Jugendlichkeit. DHEA ist eine Abkürzung für Dehydroepiandrosteron. Es handelt sich dabei um ein relativ schwaches Vorläuferhormon vieler weiblicher und männlicher Geschlechtshormone. Manche Hormonforscher sehen in DHEA daher die „Urmutter" aller Geschlechtshormone. Kein anderes Hormon zirkuliert in nur annähernd gleich hohen Konzentrationen im Blut. Wahrscheinlich nutzt der Körper diese Hormonreserve, um andere Geschlechtshormone aus dem DHEA bei Bedarf aufzubauen. Wie Cortison wird DHEA in der Nebenniere in größeren Mengen gebildet (die Nebenniere ist ein kleines Organ, das der Niere kappenförmig aufsitzt). Viele andere Organe – einschließlich der Gliazellen des Gehirns und der Nervenzellen – bilden geringe Mengen von DHEA (für den Eigenbedarf?). DHEA bremst die Schnelligkeit chemischer Reaktionen in den Mitochondrien, spart Energie und verhindert die Produktion freier Radikale. Es verhindert unter anderem die Bildung größerer Fettzellen (Adipozyten) und verlangsamt damit die typische Verfettung und schlaffe Silhouette des Alters.

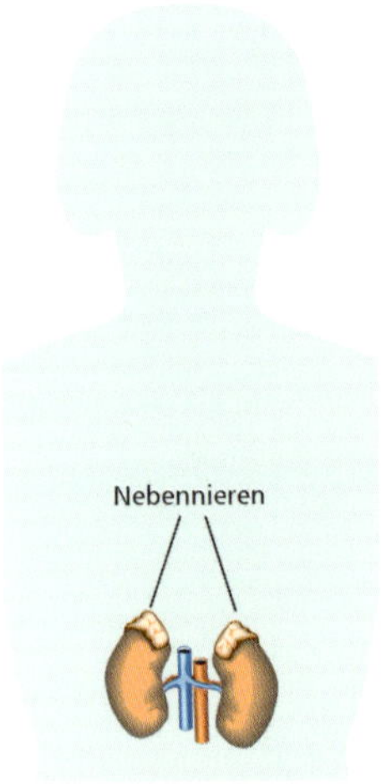

Info

Die wichtigste Anti-Aging-Eigenschaft des DHEA ist aber wohl, dass es die körpereigenen Stresshormone dämpft. Es ist vielleicht das wichtigste Anti-Stress-Hormon des Körpers und arbeitet dabei mit dem Schlafhormon Melatonin Hand in Hand.

DHEA und die Stresshormone ergänzen sich ideal – ganz im Sinn des asiatischen Yin-Yang-Prinzips. Während Melatonin eher das Stresshormon Adrenalin in Schach hält, gilt DHEA unter anderem als Gegenspieler des körpereigenen Cortisons – also das „Anti-Stress-Hormon" schlechthin? Der DHEA-Gehalt des Blutes ist mit 20 Jahren am höchsten und sinkt mit zunehmendem Lebensalter immer weiter ab. 50-Jährige haben nur noch ein Drittel der Menge im Blut wie in ihrer Jugend, 80-Jährige nur noch ein Fünftel. Vergleicht man den Blutgehalt verschiedener Menschen, so findet man auch unter Gleichaltrigen große Unterschiede. Tendenziell niedrige DHEA-Werte findet man auch bei Menschen, die unter Diabetes,

hohem Blutdruck, Herzerkrankungen, der Alzheimerschen Krankheit, Impotenz, Blasenkrebs, Multipler Sklerose und anderen Krankheiten leiden. Dies lässt natürlich aufhorchen.
Der große Erfolg von DHEA in der Öffentlichkeit begann mit der Veröffentlichung der Ergebnisse verschiedener Tierexperimente. Bei bestimmten Laborratten war es tatsächlich gelungen, mit DHEA zahlreichen Krebsarten vorzubeugen. DHEA verbessert darüber hinaus das Gedächtnis von Ratten, war bei der Vorbeugung von Gefäßverkalkung, Autoimmunerkrankungen, Diabetes und Virusinfektionen erfolgreich. Und es gelang den Forscher, die Ratten insgesamt länger und gesünder leben zu lassen, wenn diese mit DHEA gefüttert wurden, ohne dass man schädliche Nebenwirkungen finden konnte.
Zwischenzeitlich wurden zahlreiche Untersuchungen bei gesunden und kranken Menschen begonnen, um die gesundheitlichen Wirkungen von DHEA abzuschätzen.

DHEA und die Stresshormone ergänzen sich ideal – im Sinne des Yin-Yang-Prinzips.

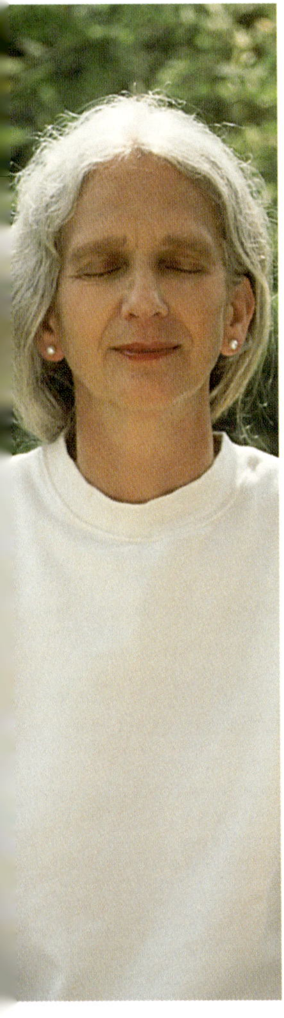

Es scheint, als ließen sich nicht nur Missempfindungen, nachlassendes Lustempfinden und fehlende Vitalität, sondern auch die Knochenentkalkung des Alters mit DHEA verlangsamen. Es gibt Forschungsprojekte über DHEA gegen Krebs, gegen Fettsucht und hohes Cholesterin, gegen die Alzheimer-Krankheit und multiple Sklerose. Wenn man bei Männern nach Herzinfarkt den DHEA-Spiegel nur ein wenig künstlich anhebt, dann steigert das die Überlebenszeit um die Hälfte. Aufgrund seiner immunstimulierenden Wirkung scheint DHEA die Wirkung von Impfungen bei älteren Menschen zu verbessern. Auch die kombinierte Wirkung von DHEA und Vitaminen ist bereits in der Erforschung, da beide das alternde Immunsystem positiv beeinflussen.

Da DHEA in andere Geschlechtshormone umgewandelt wird, ist bisher nicht eindeutig geklärt, welche der Wirkungen des Hormons vielleicht auch auf seine Abbauprodukte zurückzuführen ist. Da hunderttausende Amerikaner DHEA in ihrer Drogerie frei erwerben und täglich einnehmen, wird diese große Zahl freiwilliger, gesunder „Versuchspersonen“ bald Aufschluss über die Langzeitwirkungen einer DHEA-Einnahme liefern.

Praktische Anwendung

Die offiziellen medizinischen und staatlichen Stellen lehnen die DHEA-Einnahme wegen unzureichender Kenntnisse der Langzeiteffekte auch in den USA ab – sofern die Einnahme außerhalb wissenschaftlicher Studien erfolgt. Allerdings scheint sich über dem großen Teich niemand darum zu kümmern. Wahrscheinlich wird sich eine Dosis von 25–50 mg täglich als die sichere und erfolgversprechende Langzeitdosis herauskristallisieren. Von dieser Dosis sind bisher keine negativen Nebenwirkungen bekannt. Eine sehr viel höhere Dosierung ist wenig sinnvoll, da sonst die körpereigene DHEA-Bildung unterdrückt wird.

Am unproblematischsten ist die DHEA-Behandlung, wenn ein Mangel im Blut nachgewiesen wurde. Der Arzt verordnet eine Dosierung, mit der der Blutspiegel in den oberen Normalbereich angehoben werden kann. Leider gibt es keine wissenschaftlich gut fundierten „Normalwerte" für DHEA. Niemand weiß, welcher obere oder untere Wert bei einem mitteleuropäischen Erwachsenen in einem gewissen Alter noch normal ist. Vielleicht existiert überhaupt kein Normalwert, und für jeden Menschen muss der normale Zielwert aus Blutuntersuchung und Beschwerdebild einzeln ermittelt werden.

Es ist umstritten, ob die DHEA-Messung in Blut oder im Speichel die aussagekräftigeren Werte liefert. Nur wenige Speziallaboratorien sind bisher in der Lage, zuverlässige Bestimmungen von DHEA durchzuführen. Vor der Einnahme sehr hoher Dosen von DHEA muss gewarnt werden, da schwere Leberprobleme nicht ausgeschlossen werden können. Gegen solche Leberprobleme bietet sich vorbeugend wiederum die Einnahme von Mariendistel-Präparaten, Vitamin C, E und Selen an. In Forschungsstudien gab man allerdings Patienten mit Nierenkrebs und Multipler Sklerose schon bis zu 100-fach höhere Dosen, ohne dass größere Probleme auftraten. Vielleicht wird es in Zukunft möglich sein, DHEA als Salbe auf Fettpolster aufzutragen, um so gezielt Fettdepots abzubauen.

Melatonin – das „Hormon der Nacht"

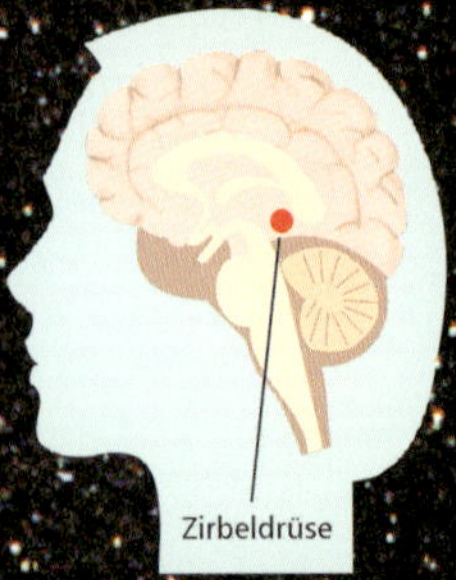

Es schien, als hätten Wissenschaftler nach dem DHEA in den 80ern mit dem Hormon Melatonin in den 90ern endgültig das Hormon des langen Lebens entdeckt. Seit den fünfziger Jahren war bekannt, dass die im Hirn aller Tiere versteckte Zirbeldrüse (Pinealdrüse) in geringsten Mengen einen Stoff produzierte, der Schlaf- und Wachrhythmus, Winterschlaf und Fortpflanzung steuert. Da dieser Stoff natürlicherweise nur in geringsten Pikogramm-Mengen (billionstel Gramm pro Milliliter Blut) entsteht, ließ er sich jahrzehntelang kaum untersuchen, geschweige denn herstellen. Erst moderne Analyse- und Produktionsmethoden haben uns die Entschlüssung dieses Geheimnisses erlaubt. Bei Vögeln und Amphibien wird die Zirbeldrüse noch direkt durch den dünnen Schädelknochen hindurch vom Licht gesteuert. Bei uns wird die Aussschüttung des Hormons dagegen über das Auge reguliert. Licht bremst die Freisetzung von Melatonin, Dunkelheit fördert sie. Melatonin ist der Signalstoff, der den Körper in die notwendigen nächtlichen Regenerationsphasen schickt und ihm einen gesunden Rhythmus aus Aktivität und Entspannung verordnet. Wenn es am Abend dunkel wird, dann steigt die Melatoninmenge rasch an, flutet durch den Körper und verbreitet die Botschaft: „langsam abschalten, komm zur Ruhe". Die Muskeln entspannen, die Verdauungsvorgänge werden gedrosselt, die Körperzellen vermindern ihre Tagesaktivität und beginnen notwendige Reparaturen – der Mensch schläft sich gesund. Auch die Körpertemperatur sinkt etwas ab. Abgekühlten Organe benötigen weniger Energie und leben länger – ein Effekt, den sich Anästhesisten und Chirurgen bei der Arbeit am offenen Herz oder Gehirn zu Nutze machen. Im Alter wird die natürliche nächtliche Abkühlung immer geringer – mit unguten Folgen für unsere Gesundheit. Dass die Nacht dem Schlaf und der Erholung dient, ist also keine kulturelle Erfindung des Menschen, sondern ausschließlich die Folge einer Hormonausschüttung. Jeder Mensch kann die heilsame Wirkung von Melatonin allerdings überspielen – durch Alkohol, schweres Essen am Abend, Stress und durchgemachte Nächte drücken wir diesen sanften Schutzengel mit Leichtigkeit zur Seite.

Info Es ist eine Frage der Lebensphilosophie, ob wir ein kurzes, aufgeputschtes, unnatürliches Leben gegen Melatonin oder ein ausgeglichenes, langes Leben mit aktiven und passiven Phasen im Rhythmus des Melatonins leben wollen.

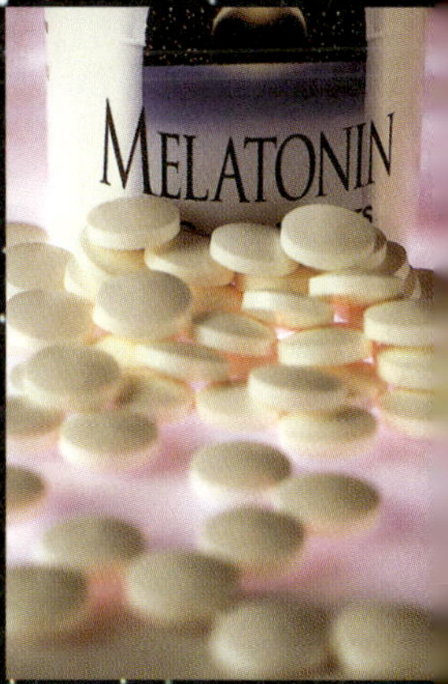

Biologische Systeme versuchen immer, der Energieverschwendung entgegenzuarbeiten. Jeder Autofahrer weiß, dass die Lebensdauer eines Motors ansteigt, wenn man ihn mit niedrigen Drehzahlen („energiesparend") fährt. Genau darin liegt die Funktion des Melatonin – die „Drehzahl" unserer Lebensenergie zu drosseln, wenn volle Leistung unnötig ist.

Männer mit Prostata-Karzinom und Frauen mit Brustkrebs verfügen über ungewöhnlich wenig Melatonin im Blut. Viele Forscher hoffen darauf, Melatonin in Zukunft als Anti-Krebsmittel gegen hormonabhängige Tumoren einsetzen zu können; zumindest scheint es die Folgen einer Bestrahlungsbehandlung erträglicher zu machen. Melatonin dämpft darüber hinaus wohl auch unnötige Synthese von so genannten Prostaglandinen. Diese fettsäureartigen Verbindungen sind u.a. bei der Entstehung von Migräne beteiligt – ein weiteres potenzielles Einsatzgebiet des Melatonins. Wenn Sie unter Schlafstörungen leiden und morgens einen hohen Blutdruck feststellen, so sollte Ihr Melatoninspiegel kontrolliert werden – er könnte zu niedrig sein. Melatonin-Moleküle sind die vielleicht effektivsten Radikalenfänger des Körpers. Ihre antioxidative Potenz ist höher als die von Vitamin C, Vitamin E oder Beta-Carotin.

In den USA wird Melatonin in großen Mengen im Drugstore oder über das Internet verkauft und oft in einer Dosis von 3 mg täglich eingenommen. Es zählt dort zu den bekanntesten „Anti-Aging-Mitteln" überhaupt. Es wird zur allgemeinen Lebensverlängerung geschluckt, gegen Schlafstörungen und Jet-Lag, gegen Niedergeschlagenheit und erhöhten Blutdruck.

Als Anti-Jet-Lag-Mittel und zur Verbesserung der Lebensqualität von Krebskranken ist die Einnahme von künstlichem Melatonin unumstritten. Skeptikern fehlen zwar die langwierigen und umfangreichen Doppelblindstudien, die für die offizielle Zulassung als Medikament notwendig wären. Auch sind die Langzeitwirkungen einer Melatonineinnahme noch unbekannt; wesentliche Nebenwirkungen konnten aber bis heute nicht festgestellt werden. Lediglich in einem Mausversuch hat man ein erhöhtes Krebsrisiko der Geschlechtsorgane festgestellt. Auch gewöhnt sich der Körper an die Melatonin-Pille; nach sechs Monaten muss die Dosis gesteigert werden, um die Effekte des Nachthormons weiter verspüren zu können. Das Bundesinstitut für Verbraucherschutz schätzt, dass Melatonin „keinerlei Nährwert“ habe, andererseits als Neurohormon „eine eindeutige pharmakologische Wirkung“ zu erwarten sei. Der Verkauf als Nahrungsergänzung ist in Deutschland daher verboten.

Praktische Anwendung

Meist dosiert man nach Wirkung, wobei eine Dosis von 1 mg am Abend die Standarddosis sein sollte. Man kann die Einnahme mit 3 mg täglich beginnen und dann langsam reduzieren. Ziel sollte sein, die erwünschte Wirkung – zum Beispiel einen besseren Schlaf – mit der niedrigsten Dosis zu erreichen, die möglich ist. Die wohltuende Wirkung von Melatonin bei Schlafstörungen oder Jet-Lag selbst bei Minidosierungen von 0,5–1 mg kann jeder selbst an sich testen – die Einnahme einer Tablette Aspirin ist wahrscheinlich gefährlicher.

Zur Behandlung des Jet-Lag hat Melatonin inzwischen alle anderen Hilfen und Medikamente verdrängt. Es sollte aber immer im natürlichen Rhythmus, also abends, eingenommen werden. Nebenwirkungen einer richtig dosierten Einnahme sind bis heute nicht bekannt. Melatonintabletten sollten auf leeren Magen eingenommen werden. Gleichzeitiger Nikotin- oder Alkoholgenuss oder die Einnahme bestimmter Medikamente heben die Wirkung allerdings auf (zum Beispiel Betablocker, Aspirin oder Kalziumantagonisten).

Die Qualität des Hormons schwankt erheblich, und man sollte es nur aus zuverlässigen Quellen beziehen. Melatonin ist übrigens auch in Gemüse enthalten. Um jedoch die Hormonkonzentration merklich zu erhöhen, müsste man täglich 200 kg Bananen oder 10 kg Tomaten, oder 1 Tonne Gurken verzehren. Mäßiger Sport am Abend ist dagegen ein praktikabler Weg, die körpereigene Melatoninproduktion anzukurbeln.

Wachstumshormone

Wachstumshormone entstehen in der Hirnanhangdrüse, der Hypophyse an der Basis unseres Gehirns. Die bohnengroße Drüse ist die vielleicht wichtigste Steuerungszentrale des Hormonnetzwerkes. Wird diese Drüse durch spezielle Hormone anderer Hirnzentren (zum Beispiel durch das Releasing Hormon des Hypothalamus) angeregt, so produziert sie Wachstumshormone (auch HGH, human growth hormone, und Somatotropes Hormon STH genannt).

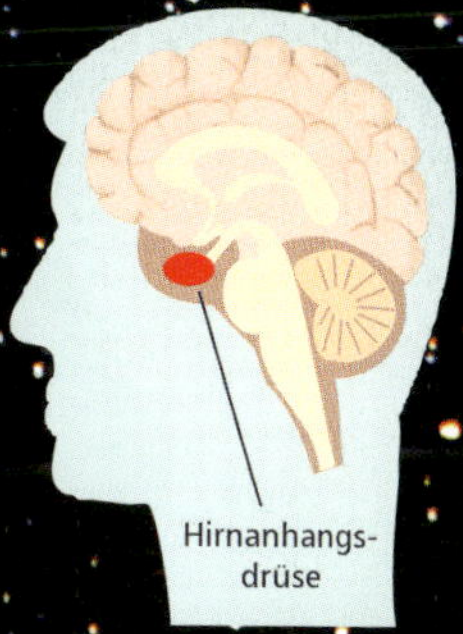

Vor etwa 10 Jahren wagte ein amerikanischer Arzt ein aufsehenerregendes Experiment an einem Dutzend 65-Jähriger. Er spritzte ihnen dreimal wöchentlich das Wachstumshormon unter die Haut. Der Effekt war frappierend: Muskeln, Figur, Haut, Gefäße und Immunsystem verbesserten sich innerhalb weniger Monate auf das Niveau von 40-Jährigen. Lustempfinden und Konzentration, Haarwuchs und Stimmung – alles besserte sich. STH wurde rasch zum Renner und neuen Wunderhormon.
STH und sein Gegenspieler Somatostatin steuern auf vielfältige Art den Stoffwechsel und das Wachstumsverhalten der Körperzellen. Sie regulieren den Eiweißaufbau, den Fettabbau, die Zuckerverwertung und die Bildung anderer Hormone. Wenn die Wachstumshormone wegen einer Krankheit in der Kindheit ausfallen, so ist Zwergwuchs die Folge. Aber nicht nur Arm- und Beinmuskeln, auch Lunge, Knorpel, Knochen und der Herzmuskel benötigen STH zum einwandfreien Funktionieren. STH steuert die lebenserhaltenden Selbstreparaturen der Körperzellen, die Enzymbildung,

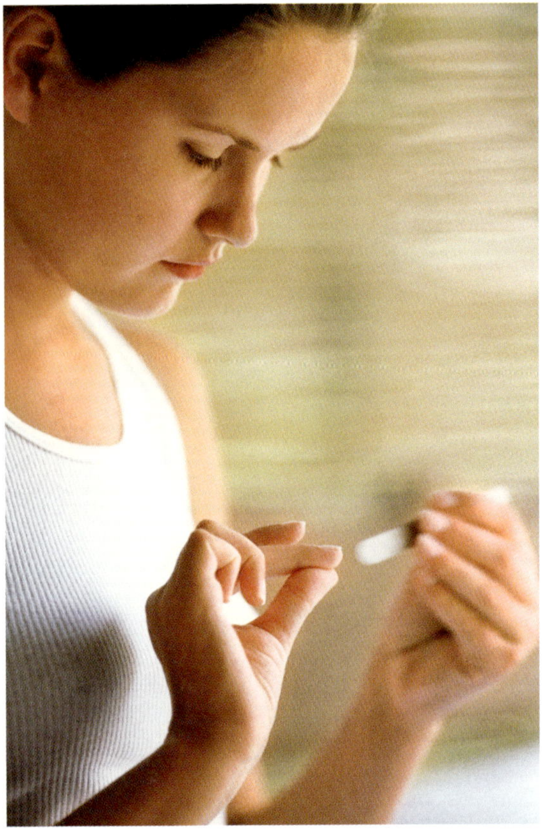

Wachstumshormone steuern auch die Entwicklung von Haaren und Nägeln.

das Haar-, Nägel- und Hautwachstum. Wachstumshormone stärken das Immunsystem und bekämpfen freie Radikale. Der abfallende Blutspiegel an STH ist wahrscheinlich eine der Ursachen, warum bei älteren Menschen die Zähne locker werden. Das Wachstumshormon kann also wahrlich Wunder vollbringen: Es festigt Knochen, macht starke Muskeln und straffe Haut, hilft gegen Falten, verbrennt ungeliebtes Fett und reinigt die Schlagadern von Fett- und Kalkablagerungen. Leider nimmt die STH-Bildung mit zunehmendem Alter ab. Alle 10 Jahre sinkt ihr Wert um ca. 15%. Kein Wunder, dass seit ihrer Entdeckung versucht wird, diese Hormone als Medikamente einzusetzen. Anfangs scheiterte dies daran, dass sie einfach nicht verfügbar waren; geringste Mengen wurden aus der Hirnanhangdrüse von Toten gewonnen – kein praktikabler Weg der Medikamentenherstellung. Die geringen, sehr teuren Hormonmengen wurden bis vor kurzem fast nur zur Behandlung von Kindern eingesetzt, die in ihrem Wachstum stark zurückgeblieben waren. Dem Zwergwuchs kann so sehr effektiv begegnet werden.

Praktische Anwendung

Die Behandlung mit Wachstumshormonen ist ein diffizile ärztliche Aufgabe. Nur bei nachgewiesenem Mangel und deutlichen, dazu passenden Beschwerden kann sie erwogen werden. Unter Ärzten ist umstritten, ob man Wachstumshormone als Medikament auch bei Gelenk-und Knochenverschleiß oder zur Linderung von Alterungsbeschwerden einsetzen sollte.

In Deutschland sind Ärzte zu Recht noch sehr vorsichtig mit der Verordnung von STH. Viele Forscher fürchten, dass diese Hormone Krebszellen wachsen lassen. Hohe Dosen führen außerdem zu groben Gesichtszügen (lange Nase, spitzes Kinn u.ä) und vergrößerten Händen und Füßen (man nennt diese Erscheinungen „Akromegalie“; sie sind von bestimmten Hirntumoren gut bekannt). Die typischen STH-Mangelbeschwerden können am besten unter dem Begriff „chronisches Müdigkeitssyndrom“ zusammengefasst werden. Ständige Immunprobleme und Infekte, unerklärliche Verfettungstendenzen, Abnahme der Muskelmenge, unerklärliche Müdigkeit und depressive Verstimmung sind typische Zeichen. Ein Behandlungsversuch scheint gerechtfertigt, wenn der Arzt bei entsprechenden Beschwerden niedrige STH-Werte feststellt.

Unrühmlich in die Schlagzeilen kamen Wachstumshormone, weil viele Sportler sie als verbotene und gefährliche Dopingmittel einsetzen. Die Kosten und Risiken bei falscher Dosierung sind hoch. Schon die Blutuntersuchung von STH ist eine komplizierte Aufgabe und kann nur von Speziallabors durchgeführt werden. Auch die richtige Interpretation der Blutwerte ist schwierig.
Eine kostengünstige und risikoarme Methode ist die Einnahme von Aminosäuren oder Peptiden, welche die Bildung der Hormone indirekt anregen. Lysin, Ornithin und so genannte Sekretagoga wie Hexarelin sind dazu in der Lage. Auch die Aminosäure Arginin regt die körpereigenen Wachstumshormone an. Arginin findet sich reichlich in Fisch. Eine abendliche Einnahme von 500 mg Arginin puscht die Hypophyse zu verstärkter Hormonausschüttung.

Info Die natürlichste Art der Behandlung mit Wachstumshormonen ist völlig nebenwirkungsfrei: Abendliche Nahrungskarenz und Abendsport in vernünftigem Maß steigert die nächtliche Somatotropinbildung beträchtlich. Wer nüchtern nach einem leichten abendlichen Dauerlauf ins Bett geht, therapiert sich selbst auf natürliche Art mit dem Wundermittel.

Pregnenolon

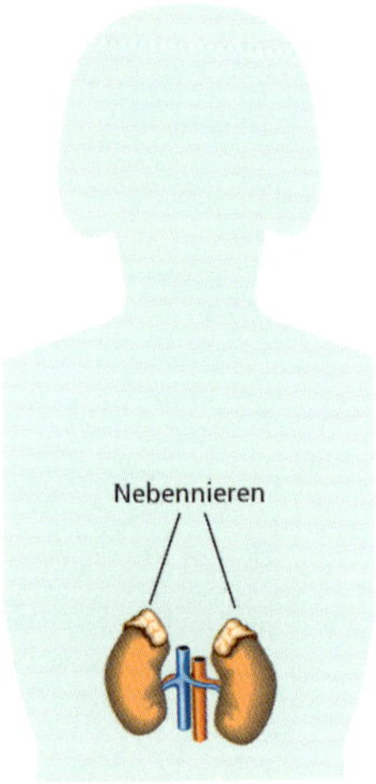

Pregnenolon ist ein weiteres so genanntes Steroid; also ein Hormon, das in der Nebenniere aus Cholesterol gebildet wird. In geringeren Mengen wird es auch in Nerven und Gehirn in den Kraftwerken der Zelle, den Mitochondrien, gebildet. In den 40er Jahren wurde Pregnenolon zur Behandlung von Abnützungs- und Entzündungsrheuma beim Menschen genutzt.

Damals schätzte man seine gute Verträglichkeit und hohe Sicherheit bei der Behandlung. Als man andere, stärker entzündungshemmende Cortison-Präparate entdeckte, geriet es in Vergessenheit. Neuere Untersuchungen zeigen, dass das Hormon als so genanntes Neurohormon auch bei der Kommunikation zwischen Nervenzellen eine große Rolle spielt. Es kann Neurorezeptoren für Glutamat im Gehirn aktivieren, aber im Gegenzug durch Anregung von GABA-Rezeptoren das Gehirn auch „beruhigen“ (auf biochemisch ähnliche Weise wie Valium). Im Tierversuch verbessert die Gabe von Pregnenolon die Erinnerungsfähigkeit von älteren Mäusen. Seine Wirkung in dieser Hinsicht scheint etwa 100-mal stärker zu sein als die von DHEA.

Wie DHEA, so nimmt Pregnenolon mit dem Alter immer weiter ab. Um das 50. Lebensjahr liegen nur noch sehr niedrige Blutspiegel vor. In den USA wird Pregnenolon ähnlich dem DHEA oft als „Mutter aller Hormone" gefeiert, da aus ihm fast alle anderen Steroidhormone entstehen. Manche Forscher empfehlen daher aufgrund ihrer Untersuchungen, doch einfach Pregnenolon statt männlicher oder weiblicher Geschlechtshormone einzunehmen. Noch liegen aber viel zu wenig wissenschaftliche Erfahrungen vor, um diesen Empfehlungen folgen zu können. Vielleicht entwickelt sich aus der Pregnenolon-Behandlung aber schon bald eine sichere Anti-Aging-Strategie.

Thymushormone

Die Thymusdrüse spielt bei der Reifung des Immunsystems eine wichtige Rolle. Sie sitzt hinter dem Brustbein und erzeugt verschiedene Thymushormone. (Nebenbei: wenn Sie im Wirtshaus „Bries" zum Essen bestellen, dann verzehren Sie meist die Thymusdrüse von Kälbern.) Die Thymusdrüse wächst bis zur Pubertät, verfettet danach zunehmend. In der Thymusdrüse wachsen und gedeihen so genannte Thymozyten-Zellen. Sie wandern von hier mit dem Blut in Milz, Lymphknoten und andere Organe und bilden die so genannten T-Lymphozyten. Diese wichtigen Immunzellen wurden in den letzten Jahren sehr berühmt, weil das AIDS-Virus die T-Lymphozyten zerstört und den Menschen damit töten kann. Thymushormone und -extrakte haben seit langem das besondere Interesse von Wissenschaftlern und von Naturheilärzten gefunden. Die Thymusdrüse reguliert in Kindheit und Jugend entscheidende Reifungsschritte von Immunsystem und Gesundheit und verkümmert dann. Man untersucht heute die Wirkung verschiedener Thymushormone gegen AIDS, Krebs, Infektionen und Autoimmunerkrankungen, Schuppenflechte und Rheuma.

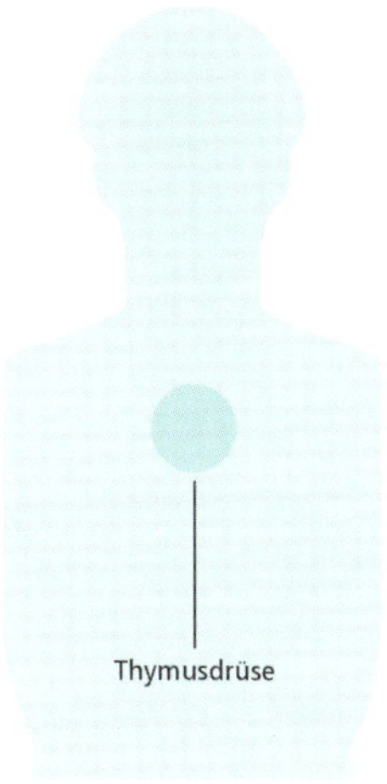

Die Thymusdrüse sitzt hinter dem Brustbein.

In der Alternativmedizin ist die Thymustherapie Jahrzehnte alt. Es handelt sich dabei um eine besondere Form der Organtherapie (ähnlich Frischzelltherapie). Da diese Medikamente im Gegensatz zu den reinen Thymushormonen auch unbekanntes tierisches Eiweiß enthalten, ist die Gefahr allergischer Reaktionen gegeben. Wir wissen heute noch zu wenig über die Wirkung dieser komplexen Substanzen, um sie als Anti-Aging-Medikamente empfehlen zu können.

Schilddrüsenhormone

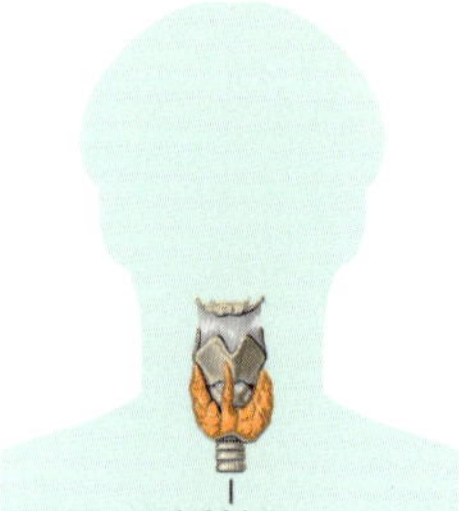
Schilddrüse, dahinter Nebenschilddrüsen

Bei aller Begeisterung über die neuen Möglichkeiten der Anti-Aging-Hormonbehandlung sollte man eine andere, sehr bewährte Hormonbehandlung nicht vergessen. Nicht nur die Geschlechtshormone, auch das Schilddrüsenhormon wird mit zunehmendem Alter immer weniger gebildet. Die Schilddrüse ist der Produzent des Hormons Thyroxin und sitzt direkt unter dem „Adamsapfel" vorne am Hals. Bei etwa jedem vierten Mann über 60 Jahren findet man einen deutlichen, zunehmenden Mangel an diesem Hormon.

Die Schilddrüse der Frau arbeitet dagegen im Alter noch etwas effektiver. Da Thyroxin den Energiehaushalt des Körpers reguliert, empfindet der Betroffene den Mangel als Müdigkeit, Abgeschlagenheit, Gewichtszunahme und generelle Verlangsamung. Selbst trockene Haut und Haarausfall können Symptome eines Mangels an Schilddrüsenhormonen sein.

Da diese Beschwerden dem Mangel an Geschlechtshormonen stark ähneln, sollte vor einer Behandlung mit Geschlechtshormonen immer untersucht werden, ob ausreichend Schilddrüsenhormone vorhanden sind. Durch eine einfache, im Blut überwachbare Tablettenbehandlung mit Thyroxin lässt sich das Problem gegebenenfalls beheben.

Alternative, hormonähnliche Präparate

Manche Endokrinologen und Frauenärzte reduzieren das Problem des Älterwerdens auf die Frage, ob genug Geschlechtshormone im Körper vorhanden sind. In den Medien entsteht so der Eindruck, Anti-Aging-Therapie sei vor allem eine Hormonersatzbehandlung. Viele Experten sind allerdings der Meinung, dass pflanzliche und homöopathische Medikamente, aber auch nichtmedikamentöse Anti-Stress-Hilfen ähnlich gute oder bessere Effekte gegen Alterungsbeschwerden ermöglichen. In der chinesischen Medizin werden Kräuter wie Engelwurz (Dong quai) und Ginseng, aber auch Akupunktur und spezielle Teemischungen gegen Hormonstörungen und Altersbeschwerden eingesetzt. Manche asiatischen Nahrungsmittel (z.B. Sojaprodukte) entfalten hormonähnliche Wirkungen. Homöopathische Medikamente haben ihre Wirksamkeit bewiesen (siehe unter „Homöopathie", Seite 58). Auch die westliche, inzwischen hochwissenschaftliche Kräuterkunde kennt zahlreiche Pflanzen, die hormonähnlich wirken: Cimicifuga racemosa, Agnus castus, Hopfen, wilde Yamswurzel, Aufgüsse von Salbei oder Herzgespann. Gegen eine trockene Scheide hilft vielleicht eine Ringelblumensalbe, gegen Stress der Sud von Helmkraut und Eisensalbeikraut, gegen Depressionen Johanniskraut. Ob diese natürlichen Präparate das Leben verlängern, ist ungewiss. Die Lebensqualität beim Älterwerden wird dagegen sicher positiv beeinflusst.

Hormonersatzbehandlung – pro und contra

Hormone sind hocheffektive, natürliche Wirkstoffe unseres Körpers. Sie können segensreiche Wirkungen entfalten, wenn sie in der richtigen Situation in der richtigen Dosis angewendet werden. Sie sind keine Wunderdrogen und keine Allheilmittel. Da keine Hormontherapie ohne Risiken ist, wird unter Frauenärzten und Wissenschaftlern kontrovers diskutiert, wann und wie Hormone verordnet werden sollten. Wenn Sie sich in der Mitte des Lebens wohlfühlen, stellt sich die Frage einer Hormonersatzbehandlung im Normalfall nicht. Es kann dann nur einen Rat für Sie geben: Leben Sie glücklich und zufrieden, aber mit Maß und Ziel so weiter. Kein gesunder, glücklicher Mensch kann durch eine Hormonersatzbehandlung seine Lebensqualität weiter verbessern – besser als optimal geht nicht.

Ein Grundsatz der ärztlichen Hormonersatzbehandlung lautet: Hormone werden nur angewendet, wenn ein nachweisbarer Mangel vorliegt.

Was nicht fehlt, muss nicht ersetzt werden. Deshalb benötigt auch nicht jeder Mensch nach den Wechseljahren eine Hormonbehandlung. Selbst bei nachweisbarem Hormonmangel macht eine Behandlung wenig Sinn, wenn der oder die Betroffene sich wohl fühlt und aus medizinischer Sicht keine Gefahr droht. Hormonmedikamente heben erniedrigte Hormonmengen im Körper in natürliche Größenordnungen an. Zu viel oder zu wenig wäre falsch.

Hormontherapie nur unter ärztlicher Kontrolle!

Ein Blick nach Amerika lässt uns erkennen, dass etwaige Bedenken gegen die Hormonersatzbehandlung längst von der Realität überrollt werden. Der Anti-Aging-Hormoncocktail amerikanischer Verjüngungskliniken enthält Melatonin, DHEA, Wachstumshormone, Testosteron und Östriol; und kostet Tausende im Jahr.

Solange wir die Nebenwirkungen solcher Supercocktails bei jahrzehntelanger Anwendung nicht kennen, empfehle ich eine einfache, natürliche Alternative: Machen Sie sich ihre Hormone selbst! Es funktioniert tatsächlich und lässt sich vom Arzt im Blut überwachen.

ANTI-AGING-TIPP!

Kitzeln Sie Ihre Hormondrüsen durch Bewegung, Ernährung und positives Denken so lange, bis Ihre eigenen Hormonfabriken wieder richtig angesprungen sind.

Doping

Zu Recht melden viele Ärzte heftige Bedenken gegen die Auswüchse des Fitness- und Anti-Aging-Trends an. Für die Kombination aus (Leistungs-) Sport und Hormoneinnahme gibt es ein Wort, das jeder kennt: Doping. Was ist der Unterschied zwischen sinnvoller Anti-Aging-Medizin und unsinnigem Doping? Der Unterschied ergibt sich aus den Zielen und Wegen beider Verfahren. Anti-Aging-Medizin will die natürlichen Fähigkeiten des Körpers erhalten, Gesundheit und Fitness sanft fördern und Altersbeschwerden bekämpfen. Doping dagegen wird eingesetzt, um die natürlichen Leistungsgrenzen zu überschreiten, um einen gesunden Körper supergesund zu trimmen – und das ohne Rücksicht auf die langfristigen gesundheitlichen Folgen. Allein in Deutschland nehmen schätzungsweise 100 000 Menschen illegale Substanzen ein, um die Grenzen zu sprengen, die ihnen ihr Körper natürlicherweise setzen würde. Die meisten Freizeit-Doper fangen ursprünglich mit dem Fitness-Training an, um gut auszusehen und fit zu werden. Doch irgendwann gibt es einen Stillstand bei der Arbeit am perfekten Körper. An diesem Punkt klärt sich, ob ein langes, gutes Leben oder ungesundeste narzistische Fantasien Antrieb und Ziel des Fitnesstrainings sind. Anabolika könnten zum Kokain des neuen Jahrtausends werden: modern, leicht erhältlich, voll im Leistungstrend.

Dasselbe Hormon, das in richtiger ärztlicher Dosierung lebensverlängernd und verjüngend wirkt, kann bei falscher Dosierung in der falschen Situation gravierende Gesundheitsschäden verursachen. Doping ist fast immer so dosiert, dass die vom Körper verkraftbaren Grenzwerte weit überschritten werden.

Nur mit viel Böswilligkeit kann man das großenteils kriminelle Doping-Milieu mit der Hormonersatzbehandlung der Anti-Aging-Medizin in einen Topf werfen. Hormondoping macht Akne, Impotenz, Aggressivität und Depressionen, Doping schädigt das Herz und fördert die Gefäßverkalkung. Ärztlich überwachte Hormonersatztherapie lindert oder beseitigt all diese Beschwerden.

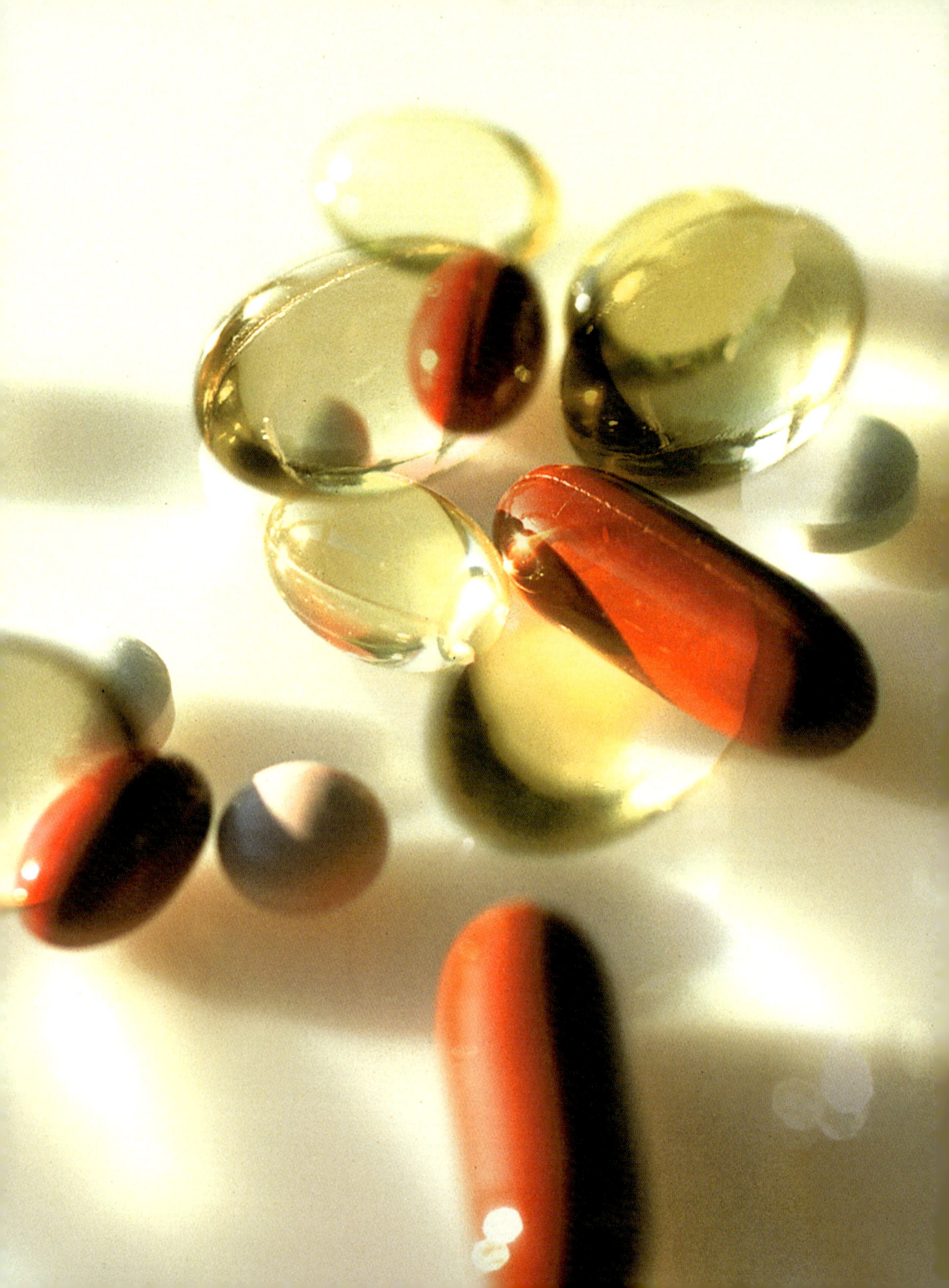

Vitamine, Mineralien und Co. – „Wundermittel" aus der Apotheke

Ausgelöst wurde der Vitaminboom 1968 vom doppelten amerikanischen Nobelpreisträger Linus Pauling. Er prägte den Begriff „orthomolekulare Medizin" für die Wissenschaftsrichtung, welche die Gesundheitswirkung hoher Vitamindosen erforscht (griechisch „ortho" = richtig, gut; lateinisch „molekular" = Baustein von Substanzen). Die orthomolekulare Medizin bemüht sich, die richtige Zusammenstellung und Menge der Vitamine, Mineralien, Spurenelemente und essenziellen Fettsäuren zu ergründen. All diese Substanzen kommen in unserer Nahrung und unserem Körper von Natur aus vor. Der individuelle Bedarf schwankt sehr stark, je nach Alter, Ernährung, Lebensgewohnheiten, Bewegung und Umwelteinflüssen.

Die Optimierung von Mikronährstoffen ist eine wertvolle Investition in die Altersvorsorge. Der Zellstoffwechsel benötigt für ein optimales, reibungsloses Funktionieren mehr als 40 verschiedene Vitalstoffe – und kann nur wenige selbst herstellen. Mikronährstoffe lassen sich fünf großen Gruppen zuordnen:

Info

1. Vitamine und vitaminähnliche Stoffe: Vitamin A/Beta-Carotin; Vitamine B1/B2/B3/B5/B6/B12, Vitamin C, Vitamin D, Vitamin E, Vitamin H, Coenzym Q10
2. Mineralstoffe und Spurenelemente: Selen, Magnesium, Zink, Calcium, Kalium, Phosphor, Eisen, Jod, Zinn, Fluor, Kupfer, Chrom, Kobalt, Mangan, Omega-3-Fettsäuren, L-Carnitin
3. Aminosäuren: Leucin, Isoleucin, Methionin, Phenylalanin, Threonin, Tryptophan, Arginin, Histidin, Tyrosin, Cystin, Cystein, Alanin, Serin, Asparaginsäure, Glutaminsäure, Glycin, Prolin, Hydroxyprolin
4. Enzyme
5. Sekundäre bioaktive Pflanzenstoffe

Anti-Aging-Tipp!

Nur gesunde Ernährung plus Vitamine plus Mineralstoffpräparate bieten optimale Vorbeugung.

Natürlich sollte eine Vitamin-Behandlung kein Ersatz, sondern eine Ergänzung einer gesunden Ernährung sein. Ein frischer Apfel enthält etwa 10000 Wirkstoffe, von denen wir ca. 190 kennen. Die heilenden Wirkungen vieler dieser natürlichen Stoffe verstärken sich gegenseitig. Die Bioflavonoide des Apfels verbessern die Wirkung des natürlichen Vitamin C beispielsweise um das 20-fache. Deshalb kann die morgendliche Vitaminpille nur sehr begrenzt die Ernährungssünden des kommenden Tages auffangen.

Wie viele Vitamine müssen sein – wie viel Vitamine sind optimal?

Viele Ernährungsexperten lehnen die Einnahme von Vitamin- und Mineralstoffpräparaten ab. Sie argumentieren, dass in unserer mitteleuropäischen Überflussernährung ausreichende Mengen aller lebensnotwendigen Stoffe enthalten seien. Der Streit um diese Frage beruht auf einem Missverständnis. Er entsteht, wenn man nicht zwischen einer ausreichenden und einer optimalen Vitaminversorgung unterscheidet.

Was ist eine „ausreichende“ Vitaminversorgung? Es gibt offizielle Empfehlungen, wieviel Vitamine und Mineralstoffe wir täglich zu uns nehmen sollten. Die Höhe dieser Empfehlungen sollte so bemessen sein, dass krankhaften Vitamin-Mangelzuständen vorgebeugt werden kann. Ernährungsempfehlungen sind politische Themen. Vitaminempfehlungen werden so ausgewählt, dass sie vom Normalbürger finanzierbar sind und seinen üblichen Nahrungsgewohnheiten nicht grundsätzlich widersprechen. Die Höhe der offiziellen Empfehlungen schwankt daher auch zwischen den Industrienationen. In Entwicklungsländern existieren aus naheliegenden, wirtschaftlichen Gründen keine vergleichbaren Empfehlungen. In Deutschland wird die Aufnahme von 33% mehr Vitamin B 12 empföhlen als in den USA; dort wiederum liegt die empfohlene Vitamin-D-Dosis doppelt so hoch wie bei uns... Sicher können Krankheiten durch Vitaminmangel verhindert werden, wenn die empfohlenen Vitaminmengen gegessen werden. Verdeckte, stille Vitaminmangelerscheinungen werden bei offiziellen Empfehlungen definitionsgemäß und bewusst nicht berücksichtigt. Viele Werte sind sehr niedrig angesetzt, da unter allen Umständen eine Überdosierung vermieden werden muss. Die Deutsche Gesellschaft für Ernährung musste in den letzten Jahren ihre eigenen Empfehlungen immer wieder nach oben korrigieren – in Richtung auf die Empfehlungen der orthomolekularen Medizin.

Was ist dagegen eine „optimale" Vitamindosis? Mit einer optimalen Vitamindosis wollen wir nicht eine Mangelkrankheit verhüten, sondern Infektions-, Zivilisations- und Alterskrankheiten vorbeugen. Eine optimale Vitamindosierung ist „Luxusmedizin". Aus genau diesem Grund übernehmen die gesetzlichen Krankenkassen die Kosten der Vitaminpräparate nicht, auch wenn sie dadurch Krankheiten vorbeugen könnten. Kassen zahlen heute nicht mehr für „optimale" Medizin, sondern lediglich für „ausreichende, absolut notwendige" medizinische Präparate. Völlig vergessen wird bei den offiziösen Empfehlungen der Ernährungsgesellschaften auch, dass Vitamine heute eine wichtige Rolle als Entgiftungshilfen spielen. Wir alle gleichen wandelnden Giftdeponien. In unserem Fettgewebe speichern wir winzige, aber ständig zunehmende Mengen der zahlreichen Umweltgifte, die unseren Alltag belasten. Ob Formaldehyd aus Holzmöbeln, Kohlenwasserstoffe aus Benzin, Quecksilber aus Amalgamplomben, Hormonreste aus Schweinefleisch oder Pestizide aus dem Brot: Tagtäglich nehmen wir geringe, aber ständig zunehmende Mengen dieser Umweltgifte zu uns. Vitamine sind die besten, natürlichen Gegengifte gegen das chemikalische Dauerfeuer auf unsere Gesundheit. Tiere sind gegen viele Umweltgifte (z.B. Dioxin) resistenter als wir. Der Grund dafür? Tiere können Vitamin C selbst im Körper bilden – im Gegensatz zum Menschen. Sie bilden täglich bis zu 25 Gramm (!) Vitamin C selbst – und leiden daher viel weniger an „Zivilisationskrankheiten" als wir.

ANTI-AGING-TIPP!

Im Rahmen einer „Sicherheits-Ernährung" – „ich will das Beste für mich" – sollte die Alltagsnahrung eindeutig durch zusätzliche Vitamin- und Mineralstoff-präparate ergänzt werden.

Es besteht kein Zweifel: Wenn wir alle uns richtig gesund ernähren würden, wären viele Vitamintabletten überflüssig. Wer sich mit einer optimalen „chinesischen Mittelmeerkost" ernährt (siehe Seite 40), für den sind Mineralstoffpräparate keine Lebensnotwendigkeit, sondern das „Sahnehäubchen", der besondere Anti-Aging-Kick. Bei allem Streit um Vitamindosierungen verschweigen universitäre Ernährungsexperten sehr gerne, dass auch Menschen im mitteleuropäischen Wohlstandsparadies zum großen Teil unter ausgeprägtem Vitamin- und Mineralstoffmangel leiden. Selbst diejenigen, die viel Obst und Gemüse essen, sind davor nicht gefeit. Monokulturen, saurer Regen und industrielle Nahrungsmittelerzeugung haben die Qualität unserer Obst-, Gemüse- und Getreidepflanzen massiv verschlechtert.

Gedüngte Pflanzen wachsen zu schnell, um genügend Mikronährstoffe anzureichern. Sie werden unreif geerntet, und ein Großteil ihres – bereits deutlich reduzierten – Vitaminschatzes verflüchtigt sich beim Transport, beim Lagern und beim Verarbeiten.
Bananen enthielten 1985 etwa 12% mehr Kalzium, 80% mehr Folsäure und 90% mehr Vitamin B6 (!) als 10 Jahre später. Äpfel haben in diesem Jahrzehnt etwa 80% ihres Vitamin-C-Gehalts verloren. Die deutsche Normalkost ist daher – trotz übervoller Supermarktregale – von einer gesunden Ernährung meilenweit entfernt. Bei einer Untersuchung in Augsburg stellte sich heraus, dass der Normalbürger nur 25% der (niedrigen) offiziell empfohlenen Menge an Vitamin E zu sich nahm. In den neuen Bundesländern nehmen die Menschen durchschnittlich täglich nur ca. 40 mg Vitamin C zu sich – also 50% der (sehr niedrigen) empfohlenen Dosis.

Kein Zweifel besteht auch daran, dass der Vitaminbedarf in besonderen Situationen erhöht ist. Mit zunehmendem Lebensalter steigt die Notwendigkeit, lebensnotwendige Vitalstoffe gezielt zu ergänzen. Ältere Menschen nehmen weniger Mikronährstoffe zu sich, denn sie essen im allgemeinen weniger Frisch- und Rohkost, und die Aufnahme von Vitaminen und Co. im Darm wird schlechter. Gleichzeitig steigt aber der Bedarf aufgrund hormonell bedingter Stoffwechseländerungen. Auch Sportler, Raucher, Kranke, gestresste Manager und viele andere Menschen leiden unter einem – häufig versteckten – Vitaminmangel. Damit sie optimal versorgt sind, sollten sie deutlich mehr Vitamine zu sich nehmen als ein gesunder Normalbürger. Kein Leistungssportler der Welt kann heute darauf verzichten, seine Ernährung gezielt mit Vitamin- und Mineralstoffpräparaten zu ergänzen. Sportler, Sportmediziner (und Dopingsünder) würden sicher keine Vitaminsubstitution betreiben, wenn sie nicht den Sinn dieser Nahrungsergänzung im Wettkampf spüren und messen könnten.

Eine amerikanische Untersuchung an 40000 Ärzten und 85000 Krankenschwestern zeigte eine Senkung der Todesfälle an Herzerkrankungen um 30%, wenn Multivitamintabletten mit hoch dosiertem Vitamin C und E kombiniert wurden. Multivitamintabletten allein hatten keinen derartigen Effekt. Selbst wenn ein Teil der hochdosierten Vitamine nutzlos mit dem Urin wieder ausgeschieden würde – ist es nicht klüger, diese harmlose „Verschwendung“ in Kauf zu nehmen, statt ein unnötiges Gesundheitsrisiko einzugehen?

Vitamin C (Ascorbinsäure) – der Klassiker

Vitamin C ist zu einem Inbegriff des gesunden Vitamins geworden. Wir alle wissen, dass Zitrusfrüchte, Obst, Gemüse, Kartoffeln, Salat usw. Vitamin C enthalten. Interessanterweise ist die Ascorbinsäure nur für Menschen, einige höhere Affen, Meerschweinchen und wenige andere Tiere ein rares Gut. Fast alle anderen Tiere sind in der Lage, Vitamin C in den Zellen selbst herzustellen – so wichtig ist das Vitamin für die Natur. Beim Menschen hat die Harnsäure einen Teil der Vitamin-C-Aufgaben übernommen. Mangel an Vitamin C ist als die alte Seemannskrankheit Skorbut bekannt geworden. Die vielfältigen positiven Wirkungen von hohen Dosen Vitamin C wurden letztlich von einem genialen amerikanischen Wissenschaftler namens Linus Pauling entdeckt und populär gemacht. Pauling hat zwei Nobelpreise erhalten und den Großteil seines Lebens den Vitaminen gewidmet.

Vitamin C erfüllt viele wichtige Funktionen im Zellstoffwechsel: Es ist das wichtigste „Anti-Oxidans", also der wichtigste Vertilger schädlicher freier Radikale. Dies ist seine Hauptwirkung, die viele andere Effekte erklärt.

Vitamin C unterstützt die Kollagenbildung, hemmt Nitrosamine (Anti-Krebs-Wirkung), fördert die Eisenaufnahme und Bildung von Carnitin, und es beeinflusst das Immunsystem und die Neurotransmitter des Gehirn. Zigarettenrauch zerstört Vitamin C (und Vitamin E und Beta-Carotin), weshalb Raucher einen stark erhöhten Vitaminbedarf haben.

Anwendungsgebiete

Die positive Wirkung höherer Dosen von Vitamin C auf Erkältungskrankheiten ist wissenschaftlich belegt: Sie schützen vor der Erkrankung und schwächen ihren Verlauf ab. Vitamin C kann die Giftwirkung von Quecksilber, Blei und Cadmium verringern. Es stellt durch Nitrosaminblockierung einen Schutzfaktor gegen verschiedene Krebsarten dar (Magen, Speiseröhre, Kehlkopf, Mundhöhle, Bauchspeicheldrüse). Die Bildung des Grauen Stars wird durch Vitamin C verzögert.

Unzureichende Vitamin-C-Zufuhr scheint die „Verkalkung" der Gefäße zu fördern – die Arteriosklerose. Auf mehreren Wegen scheint das Vitamin dem frühen Herztod vorzubeugen – eine Wirkung, die in großen Studien an 10000 Versuchspersonen erhärtet werden konnte. Wissenschaftler der Universität Wisconsin empfehlen Herzpatienten die Einnahme von 500–1000 mg Vitamin C täglich (plus 400 I.E. Vitamin E). Vitamin C senkt hohen Blutdruck, fördert die Wundheilung und hält die Haut jugendlich.

Dosierung

Die offiziell empfohlenen Vitamin-C-Mengen schwanken zwischen 30–150 mg täglich (und werden regelmäßig erhöht). Zur Gesundheitsvorsorge und als Anti-Aging-Dosierung sind 500 mg bis 3 g täglich empfehlenswert, je nachdem, ob ein besonderer Bedarf besteht (wie bei Rauchern, Stress, Übergewicht, Krebsgefahr usw.). Manche Menschen nehmen noch weit höhere Dosen ohne negative Folgen zu sich (es ist ein Gerücht, dass Vitamin C die Bildung von Nierensteinen fördern würde). Eine Überdosierung von Vitamin C ist praktisch unmöglich; erst ab 10000 mg täglich sind leichtere Nebenwirkungen nicht ausgeschlossen.

ANTI-AGING-TIPP!

Nehmen Sie 500–1000 mg Vitamin C täglich als wichtigste Basisversorgung mit Mikronährstoffen.

Vitamin E

Auch diese Wundergabe Gottes kann große Mengen freier Radikale binden und unschädlich machen. Durch regelmäßige Einnahme von D-alpha-Tocopherol (so der chemische Name von Vitamin E) kann erwiesenermaßen das Risiko von Herz- und Gefäßerkrankungen drastisch gesenkt werden – um bis zu 50%. Die herzschützende Wirkung der „Mittelmeerdiät" beruht unter anderem darauf, dass Olivenöl, Blattgemüse und Hülsenfrüchte sehr viel Vitamin E enthalten. Vitamin E schützt nicht nur Herz und Gefäße vor der „Verkalkung", sondern auch Gelenke vor rheumatischer Entzündung und Augen vor dem grauen Star. Es hemmt das Wachstum unerwünschter Bindegewebs- und Muskelzellen und schützt vor den Langzeitfolgen von Gelenkentzündungen. Grauer Star entsteht unter anderem durch Einlagerung von Trübstoffen im Glaskörper des Auges. Regelmäßige Einnahme von Vitamin E vermindert das Risiko dieser Eintrübungen erheblich. In Kanada erhalten daher alle Bürger ab dem 40. Lebensjahr Vitamin E kostenlos zur Verfügung gestellt, um ihre Augen vor dem Grauen Star zu schützen. Die Folge: der Graue Star ist in Kanada viel seltener geworden als in anderen Ländern. Viele Wissenschaftler gehen von einer krebsverhütendenden Wirkung von Vitamin E aus. Das Risiko von Prostata-, Magen- und Darmkrebs scheint mit Vitamin E verringerbar zu sein. Auf Lungenkrebs dagegen scheint kein Einfluss zu bestehen. Die Alzheimersche Krankheit lässt sich möglicherweise durch Vitamin E bekämpfen. Vitamin E verringert das Risiko von Herzinfarkten und die Komplikationen danach. Die schädlichen Wirkungen von Cholesterin auf Herz und Gefäße können durch hohe Vitamin-E-Gaben blockiert werden. Es schützt die Haut vor den schädlichen Wirkungen der Sonne, stärkt das Immunsystem, beugt der Faltenbildung vor und kann Altersflecken bessern.

Dosierung

Die offiziell empfohlene Dosierung liegt bei 12–14 mg Vitamin E täglich. In der Orthomolekularmedizin und Naturheilkunde hat sich eine Dosisempfehlung von täglich 400 mg durchgesetzt.

Selen

Das Halbmetall Selen, erst im 19. Jahrhundert entdeckt, wird an vielen Stellen für die Enzymbildung benötigt. Zu wenig Selen begrenzt die Menge der Enzyme, die zum Abfangen freier Radikale zur Verfügung stehen. Selen ist an der Bildung von Schilddrüsenhormonen beteiligt und fördert die Bildung stimmungsaufhellender Hormone. Besonders bedeutend sind Selenverbindungen in vier Formen der Glutathionperoxidase – diese Enzyme zählen zu den wichtigsten Radikalenfängern überhaupt. Selen entgiftet im Körper Schwermetalle, zum Beispiel Quecksilber und Arsen. Es wirkt mit Vitamin E „synergistisch“, beide erhöhen also ihre Wirkung gegenseitig. Auch die männliche Fruchtbarkeit hängt am Selen. In den Hoden ist etwa 50% der Gesamtmenge an Selen gespeichert. Weite Gebiete Mitteleuropas sind Selenmangelgebiete. Das bedeutet, dass unsere Nahrungspflanzen zu wenig Selen aus dem Boden aufnehmen und speichern können. Bei Blutuntersuchungen an Durchschnittsdeutschen findet man Selenwerte, die nur 30% des von der Weltgesundheitsorganisation (WHO) empfohlenen Wertes erreichen. Zu welchen Folgen dies im Extremfall führt, weiß man aus der chinesischen Provinz Keschan. Dort sterben schon Jugendliche an Herzschwäche und Krebs, weil die Böden und damit die landwirtschaftlichen Produkte fast kein Selen enthalten.

Untersuchungen an Tieren zeigen, dass Selen gegen Krebs schützen kann. Krebskranke Menschen nehmen statistisch ungewöhnlich wenig Selen zu sich und haben in der Regel einen niedrigen Selengehalt im Blut (ca. 15 mg pro Liter Blut). In Japan liegt die tägliche Selenaufnahme bei ca. 500 Mikrogramm – die Krebsrate ist fünfmal niedriger als in Ländern mit wenig Selen in der Nahrung.

Dosierung

Größere Mengen von Selen sind in Zwiebeln, Knoblauch, Fisch, Broccoli, Vollkorn, Sesam, Eigelb und Pilzen enthalten. Der Selengehalt von Pflanzen schwankt allerdings stark; selenarme Böden führen zu selenarmen Esspflanzen. Offiziell wird eine Selenaufnahme von 50–100 Mikrogramm für ausreichend gehalten. Die meisten Anti-Aging-Forscher empfehlen 200

Mikrogramm, manche Krebsforscher auch 300 Mikrogramm. Selen zählt zu den Mikronährstoffen, die man durchaus überdosieren kann. 300 Mikrogramm täglich sollten nicht überschritten werden (auch wenn giftige Nebenwirkungen erst ab der 7-fachen Menge bekannt sind). Der optimale Selengehalt des Blutes liegt wahrscheinlich bei ca. 200 Mikrogramm.

Carnitin

1905 gelang erstmals die Isolierung des Carnitins. Erst in den 60er Jahren dieses Jahrhunderts erkannte man die Bedeutung dieser Aminosäuren-ähnlichen Substanz für die Fettverbrennung und andere wichtige Körperfunktionen.
Carnitin wird vor allem in Leber und Nieren aus den essenziellen Aminosäuren Lysin und Methionin gebildet. Es ist für die Bildung energiereicher Phosphate und die Funktion der Mitochondrien lebensnotwendig, schützt und nützt bei energieverzehrenden Tätigkeiten (bei Arbeit und Sport) und sorgt für eine geordnete Energieverwertung. Carnitin scheint außerdem zahlreiche Nervenfunktionen zu verbessern und über Vermehrung des Neurotransmitters Dopamin der Parkinsonschen Erkrankung vorzubeugen.

Menschen mit Nieren- oder Leberproblemen leiden oft unter Carnitinmangel. Aber auch Gesunde können unter einem relativen Mangel leiden; vor allem Sportler, Schwangere, strikte Vegetarier, Neugeborene und stillende Mütter sind gefährdet.

In der Anti-Aging-Medizin stehen mehrere Einsatzbereiche des Carnitins im Vordergrund: Stärkung der Herzfunktion, Zusatzbehandlung des Diabetes mellitus, Stärkung des Immunsystems, Verbesserung der Hirnleistung im Alter.

Eine Carnitin-Einnahme ist empfehlenswert als Schutz gegen Herzerkrankungen, gegen Muskel-, Leber- und Nierenkrankheiten und Diabetes und zur Senkung der Blutfettwerte. Die Konzentration von Carnitin im Herzmuskel ist etwa 100-mal höher als im Blut – typisch für alle fettverbrennenden Organe. In der Laienpresse wird Carnitin gelegentlich in marktschreierischer Art als „Schlankheitsmittel" angepriesen. Angeblich schmilzt es in kurzer Zeit die Fettpolster ab. Zwar unterstützt Carnitin tatsächlich die Fettverbrennung einer vernünftigen Abmagerungskost. Die Carnitin-Pille allein dagegen wirkt gegen Fettpolster nicht.

Info In der Anti-Aging-Medizin stehen mehrere Einsatzbereiche des Carnitins im Vordergrund: Stärkung der Herzfunktion, Zusatzbehandlung des Diabetes mellitus, Stärkung des Immunsystems, Verbesserung der Hirnleistung im Alter.

Dosierung

Carnitin ist vor allem in Milch und Fleisch enthalten. Über Milch- und Fleischkonsum schaffen wir es, täglich etwa 10–70 mg davon zu essen. Vegetarierer dagegen rutschen sehr rasch in einen Carnitin-Mangel. Zur Nahrungsergänzung sollte es zusammen mit Zink und Selen bevorzugt als Trinkampulle eingenommen werden. Man sollte darauf achten, nur L-Carnitin zu schlucken, denn dies ist die biologisch aktive Form und wohl auch besser verträglich (Überdosierungen von L-Carnitin sind nicht bekannt; D-Carnitin kann in hohen Dosen Nebenwirkungen haben). Bisher ist nicht geklärt, welche tägliche Menge an Carnitin als optimal anzusehen ist – ein typisches Problem bei allen vitamin-ähnlichen Substanzen. Die Empfehlungen schwanken zwischen 2 mg und 1 Gramm täglich. Ich empfehle eine Dosierung von 200–600 mg L-Carnitin täglich.

Zink

Neben Eisen ist Zink das zweithäufigste Spurenelement des Menschen. Unser Körper enthält etwa 2–3 g Zink. Zink ist Bestandteil von mehr als 200 Enzymen und für die Gesundheit des Menschen von großer Bedeutung. Fleisch, Fisch, Milch und andere Nahrungsmittel tierischer Herkunft enthalten relativ viel Zink. Eine strikt vegetarische Kost kann zu Zinkmangel führen. Folgen des Zinkmangels können Haarausfall, Wundheilungsstörungen und insbesondere Störungen des Immunsystems sein. Zinkverbindungen, vor allem Zinkorotate, sind unerlässlich beim Zellschutz. Das wichtige Enzym Superoxid-Dismutase kann nur dann schädliche Radikale ausschalten, wenn genügend Zink im Zellplasma vorhanden ist. Zur Vorbeugung von Herz- und Krebserkrankungen sollte auf eine ausreichende Zinkzufuhr geachtet werden. Potenz und Fruchtbarkeit des Mannes sind an eine ausreichende Zinkzufuhr gebunden.

Info In der Anti-Aging-Medizin liegt die besondere Bedeutung von Zink sicher bei den immunstimulierenden Eigenschaften. Mit zunehmendem Alter steigt das Risiko eines verborgenen Zinkmangels deutlich an. Möglicherweise ist Zinkmangel eine wichtige Ursache für den teilweisen Zusammenbruch des alternden Immunsystems.

Daneben hilft Zink bei der Behandlung von Depressionen, bestimmten Formen der Hirnleistungsschwäche, Appetitmangel und allgemeiner geistiger Lethargie. Auch eine Augenkrankheit, die im Alter zu Blindheit führen kann (Makuladegeneration), kann durch Zink verhütet werden.

Dosierung

Der Zinkbedarf liegt zwischen 5 und 25 mg täglich. Die Weltgesundheitsorganisation (WHO) empfiehlt eine Zufuhr von 15 mg täglich; zur Vorbeugung und Behandlung sind jedoch auch 30 mg gerechtfertigt. Höhere Dosen sollten nur unter ärztlicher Überwachung und mit zusätzlicher Kupfereinnahme in Erwägung gezogen werden.

Folsäure

In den industrialisierten Ländern ist die Gefahr eines Mangelzustandes am größten für Folsäure. Vor allem ältere Menschen sind mit dem Coenzym sehr oft stark unterversorgt. Folsäure spielt eine überaus wichtige Rolle im Zellstoffwechsel. Hauptspeicher ist unsere Leber. Grünes Gemüse, Innereien und Hefe sind reich an Folsäure. Leider wird es beim Erhitzen, also durch Kochen, ebenso wie durch Medikamente leicht zerstört. Schwangeren wird generell die Einnahme von Folsäure empfohlen, um kindlichen Missbildungen vorzubeugen. Folsäuremangel führt beim Erwachsenen zu Appetitlosigkeit, Durchfall, Haarausfall, Depressionen und neurologischen Störungen. Eine vorsorgliche Folsäuregabe kann Herz, Blutgefäße und andere Organe schützen. Folsäure vermindert nämlich Homocystein im Blut – einen wichtigen Risikofaktor zahlreicher Herzerkrankungen. Vielleicht werden wir in einigen Jahren mit Folsäure angereicherte Lebensmittel als Alterungsvorsorge essen können – genauso wie wir jodhaltiges Leitungswasser trinken. Bei allen psychischen und neurologischen Erkrankungen sollten Folsäure und Vitamin B12 vorbeugend in dreifacher Menge des empfohlenen Mindestbedarfs eingenommen werden.

ANTI-AGING-TIPP!

In der vorbeugenden Anti-Aging-Therapie sind 0,4–1 mg Folsäure täglich empfehlenswert.

Dosierung

Offiziell wird die Einnahme von 0,3 mg Folsäure täglich empfohlen. Die mittlere Zufuhr in Deutschland liegt aber nur bei 0,2 mg. Der tägliche Mindestbedarf liegt bei 0,2–0,4 mg. Bei allen psychischen und neurologischen Krankheiten ist es sinnvoll, etwa 1 mg Folsäure täglich einzunehmen.

Coenzym Q10

Obwohl kein echtes Vitamin, wird Coenzym Q10 oft zu den Vitaminen gezählt. Coenzym Q 10 zählt zu den Stoffen, die für die Funktionsfähigkeit der Mitochondrien in der Zelle notwendig sind und starke antioxidative Wirkung entfalten. Die Mitochondrien, also die Kraftwerke der Zelle, spielen eine große Rolle beim Älterwerden. Viele Untersuchungen unterstützen die Vermutung, dass Coenzym Q10 bei der Bekämpfung von Herzerkrankungen und Immunschwäche wirksam sein könnte. Kraft und Durchblutung des Herzmuskels werden durch Coenzym Q10 verbessert. Es senkt den Blutdruck, schützt das Auge und beugt der Zahnfleischentzündung und dem Brustkrebs vor. Spinat, Erdnusskerne und Rinderherz enthalten besonders viel Coenzym Q10. Andere Lebensmittel und jede Körperzelle enthalten die Substanz ebenfalls in mehr oder weniger großer Menge. Im Leistungssport wird Coenzym Q10 oft zusammen mit Carnitin zur Leistungssteigerung gegeben. Die Forschungsergebnisse zu Coenzym Q10 sind weit weniger eindeutig als bei Vitamin C, Carnitin und anderen klassischen Vitaminen. Die Einnahme von 5–15 mg täglich ist jedoch sinnvoll.

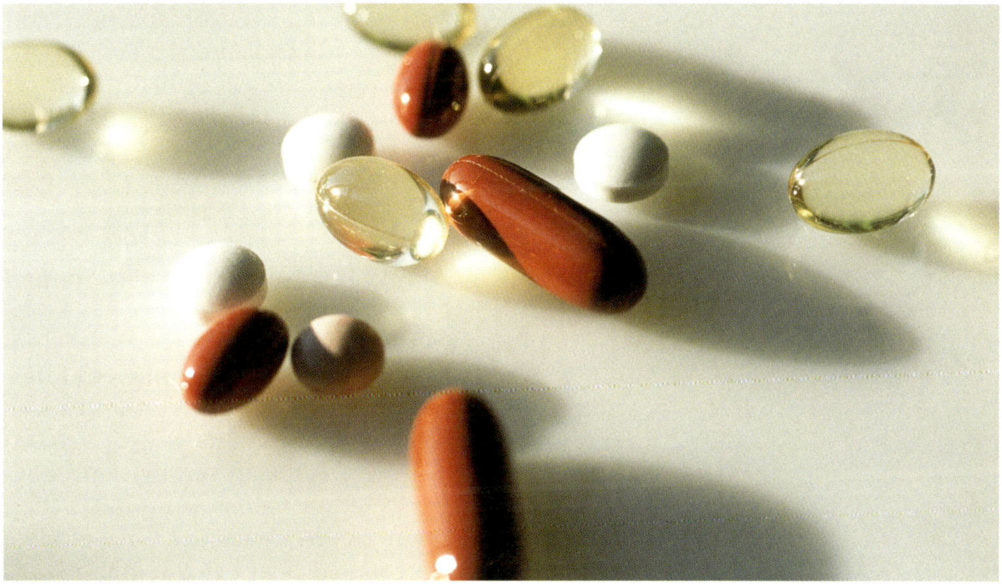

Betacarotin / Provitamin A

Kaum ein Multivitaminpräparat kommt heute noch ohne eine gehörige Dosis Betacarotin aus. Von über 500 bekannten „Carotinoiden“ ist doch das Betacarotin die lebenswichtigste Substanz. Da die biochemischen Fabriken des menschlichen Körpers Vitamin A nicht selbst herstellen können, wandeln sie dieses wichtige Vitamin aus Betacarotin her. Vitamin A schärft unsere Augen, hält Haut, Zähne und Knochen gesund. Es stärkt das Immunsystem und schützt vor Infektionen und Altershaut. Neben seiner Aufgabe als Vorstufe des Vitamin A („Provitamin A“) bewährt sich Betacarotin täglich als sehr wichtiger Neutralisator der aggressiven freien Radikale. Zahlreiche wissenschaftliche Studien belegen, dass Carotinoide krebsvorbeugend wirken und die Verkalkung der Blutgefäße aufhalten können.
Carotinoide findet man in frischem Obst und Gemüse – vor allem in gelb-orangefarbenen Früchten und dunkelgrünem Blattgemüse. Selbst wenn Sie viel Obst und Gemüse essen, schaffen Sie nicht mehr als 1 mg Beta-Carotin pro Tag. In Deutschland wird eine tägliche Zufuhr von 2 mg empfohlen, das nationale amerikanische Krebsinstitut empfiehlt 5 mg täglich – viele Mediziner sogar 15–20 mg. Nur eine gezielte Ergänzung kann diesen Bedarf sicherstellen. Als vorbeugende Anti-Aging-Anti-Krebs-Dosis sind 6–25 mg täglich angeraten.
Übrigens: Betacarotin wird in dieser hohen Dosierung oft zur künstlichen Hautbräunung eingesetzt – für manchen vielleicht ein angenehmer Nebeneffekt.

Mangan

Mangan ist ein wichtiger Bestandteil vieler Enzyme, insbesondere im Kohlenhydrat- und Fettstoffwechsel. Das Spurenelement hat antioxidative Eigenschaften, fördert die Knorpelbildung, Entgiftung und Abwehrkräfte. In der Anti-Aging-Medizin ist Mangan aus einem Grund von besonderem Interesse: Es schützt die Telomere, also die wichtigen Endstücke der Chromosomen, die mit dem Altern in engem Zusammenhang stehen (siehe Seite 17). Mangan verlangsamt möglicherweise die Zellalterung so auf einer grundsätzlichen Ebene. Reichlich vorhanden ist der Vitalstoff in Getreide, Gemüse, Nüsse. Der tägliche Bedarf liegt bei 2–6 mg.

Die neuen Anti-Aging-Medikamente

Die pharmazeutische Industrie bemüht sich mit Nachdruck, neue Medikamente zur Linderung und Heilung typischer Alterungsbeschwerden zu entwickeln. Weil es dabei oft weniger um die Heilung schwerer Erkrankungen sondern mehr um die Besserung der Lebensqualität geht, werden sie manchmal etwas geringschätzig „Lifestyle"- Medikamente genannt. Dieser englische Ausdruck für „Lebensstil" hat ungerechtfertigterweise einen etwas unseriösen, modischen Beigeschmack. Bisher haben es erst zwei dieser Medikamente in die Apotheken geschafft – Viagra und Propecia. Viele andere werden in den nächsten Jahren folgen.

Viagra

Eigentlich war der Pharmakonzern Pfizer zu Beginn der 90er Jahre auf der Suche nach einem Mittel gegen Brustschmerzen. Nach Einnahme des Wirkstoffes Sildenafil konnte eine Linderung von Brustschmerzen bei Versuchspersonen leider nicht festgestellt werden. Voller Begeisterung berichteten die menschlichen Versuchskaninchen allerdings von einer unverhofften Nebenwirkung: Bei sexueller Erregung stellten sie eine deutlich verbesserte Erektionsfähigkeit fest. Nachdem in umfangreichen Tests tatsächlich ca. 70% der Patienten mit Erektionsstörungen eine Besserung ihrer Beschwerden erreichten, wurde Sildenafil 1998 unter dem Namen „Viagra" in Form einer blauen, rautenförmigen Tablette in den Verkehr gebracht.
Viagra hilft Männern, die aufgrund von Alter, körperlichen Krankheiten oder psychischen Problemen Erektionsschwierigkeiten haben. Möglicherweise verbessert Viagra auch das sexuelle Erleben von Frauen; einzelne Berichte und gegenwärtig laufende Untersuchungen deuten darauf hin, dass in Zukunft neben Männern auch Frauen davon profitieren können.

Propecia

Propecia ist die Pille gegen den männlichen Haarausfall, die tatsächlich funktioniert. Sie enthält einen Wirkstoff, der die hormonbedingte Alterung der Haarwurzel verlangsamt oder sogar stoppen kann. Der Ursprung dieses Medikamentes liegt nahe den Traumstränden der Karibik. Im Ort Salinas in der Dominikanischen Republik leben Kinder, die bis zur Pubertät als Mädchen heranwachsen. Im Alter von 12 Jahren verwandeln sie sich in vollständige Knaben, was ihrer genetischen Anlage entspricht. Sie werden dort deshalb „Guevedoces“ (Eier mit 12) genannt. Anfang der 70er Jahre fanden dominikanische Ärzte einen Enzymdefekt der Knaben als Ursache. Das interessante daran ist Folgendes: Aus den Knaben werden zwar normale Männer – allerdings Männer ohne Akne, ohne Prostataprobleme und ohne Haarausfall. Es bedurfte einiger wissenschaftlicher Anstrengungen, um einen Wirkstoff zu entwickeln, der den gleichen Effekt hat wie der Gendefekt von Salinas. Der Wirkstoff Finasterid blockiert gezielt das entscheidende Enzym (die 5-alpha-Reduktase Typ II). Die Umwandlung von Testosteron in Dehydrotestosteron ist unterbrochen: Der männliche Haarausfall ist in einem hohen Prozentsatz gestoppt. Kein anderes Haarwuchsmittel konnte bisher seine Wirksamkeit ähnlich gut wissenschaftlich nachweisen wie Propecia.

Zukunftsmusik – ganz nah

Noch im Jahr 2000 dürfen wir die nächsten Medikamente gegen männliche Impotenz aus den Zauberküchen der Pharmazie erwarten. Als erstes wird wohl ein japanisches Medikament auf der Basis von Apomorphin zugelassen werden. Apomorphin ist ein altbekannter Wirkstoff, der bisher zur Behandlung von Vergiftungen und bei Suchtkranken verwandt wurde. Apomorphin macht ein Erregungszentrum des Gehirns sensibler für Botenstoffe der Nerven. Indirekt wird dadurch die angespannte Muskulatur des Penis entspannt, Blut kann leichter einströmen, eine Erektion erfolgt stärker und schneller. Vor allem Männer mit emotionalen, psychischen Ursachen der Impotenz können innerhalb von 15 Minuten nach der Einnahme auf eine Erektion hoffen. Das Medikament wird sicher billiger sein als Viagra, verursacht aber öfters Übelkeit.

Mehrere Hersteller haben ihre Arbeiten an Potenzmitteln fertiggestellt, die biochemisch Viagra ähneln. Sie wirken also direkt an der Penismuskulatur entspannend und durchblutungsfördernd. Diese so genannten Phosphodiesterase-Hemmer eignen sich besonders, wenn einem Potenzproblem eine andere Krankheit zugrunde liegt (wie zum Beispiel Diabetes, Arteriosklerose). Medikamente auf der Grundlage des Wirkstoffs Phentolamin werden vermutlich erst in 2–3 Jahren erhältlich sein. Ihre Wirkung bei organischer Potenzschwäche dürfte etwas schwächer sein. Und noch in diesem Jahrzehnt ist mit den ersten Gen-Spritzen zu rechnen, die bei Rattenexperimenten schon zu einer mehrmonatigen Super-Potenz führten.

Gut aussehen – und dabei bleibt es

ANTI-AGING-TIPP!

Hilfe gegen das Altern bedeutet auch: Hilfe gegen die äußeren Zeichen des Alterns.

Viele Menschen könnten das Altern ihrer inneren Organe wohl verkraften. Was sie wirklich stört, sind die äußeren Hinweise darauf, dass sie in die goldenen Jahre kommen. Martin Walser hat eine eindeutige Ansicht zur Schönheit im Alter. Er meint: „Das ist der Vorteil, wenn man hässlich ist. Das Alter zerstört die Hässlichkeit." Dieser Trost ist Ihnen zu billig? Schönheit entsteht zum Teil wohl im Auge des individuellen Betrachters. Die meisten Menschen verbinden Schönheit aber auch mit wohldefinierten, „objektivierbaren" körperlichen Eigenschaften: faltenfreie und fleckenlose Haut, wohlproportionierte Körperformen, ebenmässige, aber interessante Gesichtszüge, große glänzende Augen, füllig schimmernde Haare... Diese Attribute finden sich tatsächlich meist in der Jugend und nehmen mit dem Alter eher ab. Andererseits wurde erst kürzlich eine 65-jährige Schauspielerin zur attraktivsten Frau der Welt gewählt: Sophia Loren. Für Sophia Loren ist Schönheit ein vergängliches Gottesgeschenk. „Nur eiserne Disziplin verzögert das Alter", schön zu bleiben sei harte Arbeit. „Wenn man sich nicht pflegt und nicht gesund lebt, nützt die ganze Schönheit nichts." Sie feiere keine Nächte durch, trinke kaum Alkohol und gehe fast immer gegen 20 Uhr zu Bett, da der Schlaf vor Mitternacht der wichtigste sei. Der Speiseplan der Diva ist typisch mediterran und scheint der Anti-Aging-Diät abgeschrieben zu sein: Obst, Vollkornbrot, Milchprodukte, Gemüse, Nudeln ohne fette Soßen und Fisch. Bei uns Normalbürgern verraten unverkennbare Hinweise an Haut, Haar und Körperbild die Last der gut und weniger gut gelebten Jahre.

Ein altes Bonmot lautet: Mit 20 hat man das Gesicht, das Gott einem gab. Mit 40 hat man das Gesicht, das einem das Leben gegeben hat. Mit 60 dagegen hat man das Gesicht, das man verdient hat. Der Optimist versteht dies als Chance, der Pessimist als Drohung. Glücklicherweise werden die Zauberwerkzeuge der Dermatologie und Schönheitschirurgie ständig verfeinert.

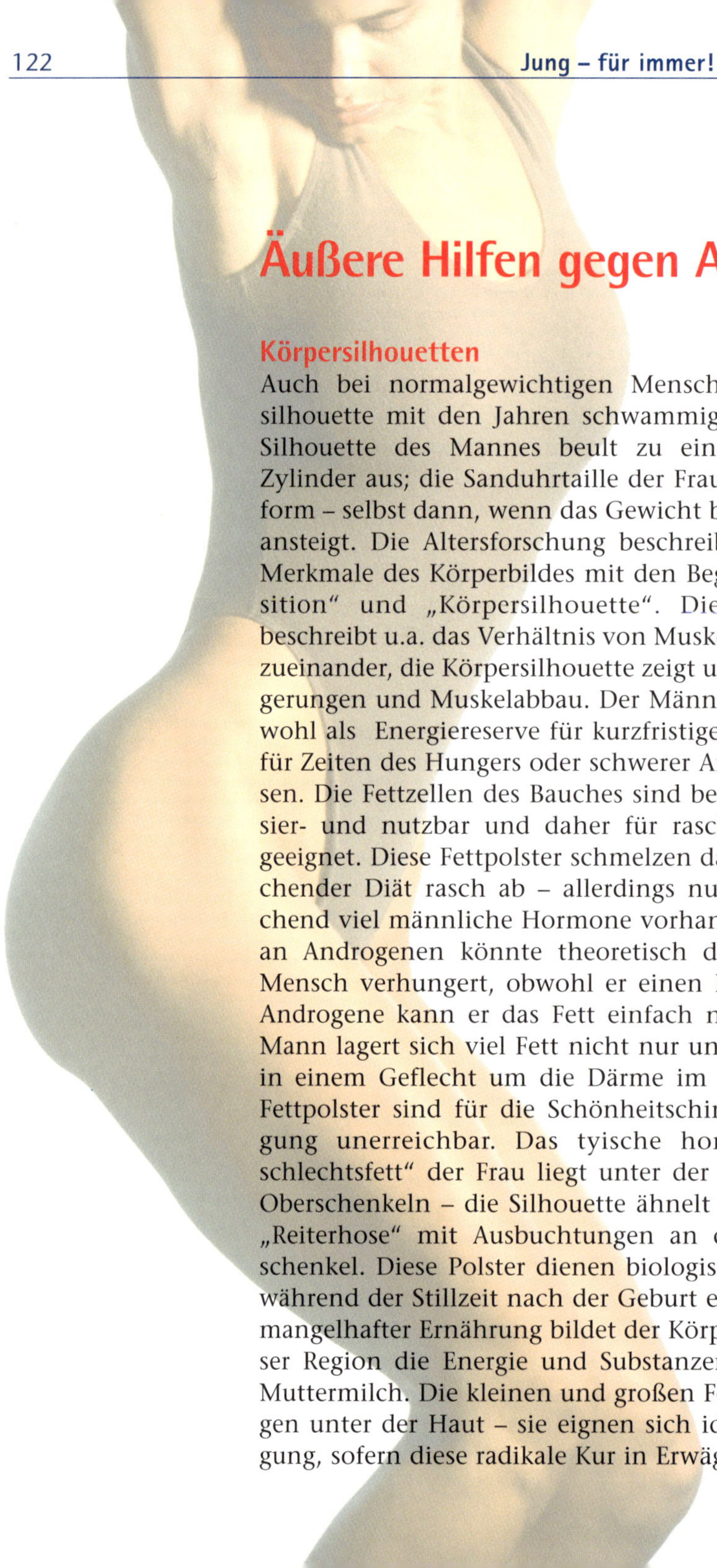

Äußere Hilfen gegen Alterszeichen

Körpersilhouetten

Auch bei normalgewichtigen Menschen wird die Körpersilhouette mit den Jahren schwammig. Die breitschultrigen Silhouette des Mannes beult zu einem bierfassähnlichen Zylinder aus; die Sanduhrtaille der Frau tendiert zur Spindelform – selbst dann, wenn das Gewicht beider nicht allzu stark ansteigt. Die Altersforschung beschreibt die alterstypischen Merkmale des Körperbildes mit den Begriffen „Body Composition“ und „Körpersilhouette“. Die Körperkomposition beschreibt u.a. das Verhältnis von Muskeln, Fett und Knochen zueinander, die Körpersilhouette zeigt unerwünschte Fettablagerungen und Muskelabbau. Der Männerbauch ist biologisch wohl als Energiereserve für kurzfristigen körperlichen Stress, für Zeiten des Hungers oder schwerer Arbeit eingeplant gewesen. Die Fettzellen des Bauches sind besonders leicht mobilisier- und nutzbar und daher für rasche Energieversorgung geeignet. Diese Fettpolster schmelzen daher auch bei entsprechender Diät rasch ab – allerdings nur dann, wenn ausreichend viel männliche Hormone vorhanden sind. Ein Mangel an Androgenen könnte theoretisch dazu führen, dass der Mensch verhungert, obwohl er einen Fettbauch hat – ohne Androgene kann er das Fett einfach nicht verwerten. Beim Mann lagert sich viel Fett nicht nur unter der Haut, sondern in einem Geflecht um die Därme im Bauchraum ab. Diese Fettpolster sind für die Schönheitschirurgie oder Fettabsaugung unerreichbar. Das tyische hormongesteuerte „Geschlechtsfett“ der Frau liegt unter der Haut von Gesäß und Oberschenkeln – die Silhouette ähnelt daher der Form einer „Reiterhose“ mit Ausbuchtungen an den Seiten der Oberschenkel. Diese Polster dienen biologisch als Energiespender während der Stillzeit nach der Geburt eines Kindes. In Zeiten mangelhafter Ernährung bildet der Körper aus den Fetten dieser Region die Energie und Substanzen zur Produktion der Muttermilch. Die kleinen und großen Fettpolster der Frau liegen unter der Haut – sie eignen sich ideal für die Fettabsaugung, sofern diese radikale Kur in Erwägung gezogen wird.

Gesichtsfalten

Alter, familiäre Anlage und unser Lebensstil entscheiden darüber, wie faltig unsere Haut wird. Manche Menschen leiden schon mit 25 Jahren unter Falten, andere erfreuen sich noch mit 50 Jahren einer glatten Haut. Ein völlig faltenfreie Haut nach dem 30. Lebensjahr wird immer eine illusionäre Hoffnung bleiben. Grundlage der Faltenbildung sind alters-, anlage- und umweltbedingte Veränderungen im Aufbau der Haut. Sie entstehen durch Verminderung der Fettschicht unter der Haut sowie Austrocknung und Abbau des Hautkollagens. Beschleunigt wird dieser Prozess durch falsche Hautpflege und starke Hautbelastung (Sonne, Hitze, Wind, Kälte), durch ungesunde Lebensführung, zu wenig Schlaf und zu viele Zigaretten, aber auch durch intensive Mimik (Augenkneifen, Zornesfalten, Lachgrübchen). Hautfalten sind normalerweise weich und geschmeidig. Derbe Falten (wie faltenartige Aknenarben) entstehen als Endresultat einer Entzündung oder Verletzung, sie sind meist kraterartig eingezogen, hart und starr. Blonde, hellhäutige Menschen entwickeln leichter Falten, denn sie besitzen weniger Hautfarbstoff, der das Hautkollagen vor der Sonnenalterung schützen würde.
Kosmetische Antifaltencremes führen lediglich zu einem kurzzeitigen Aufquellen der Haut und damit zu einer scheinbaren Einebnung von Falten. Der Effekt verschwindet wieder sehr rasch.

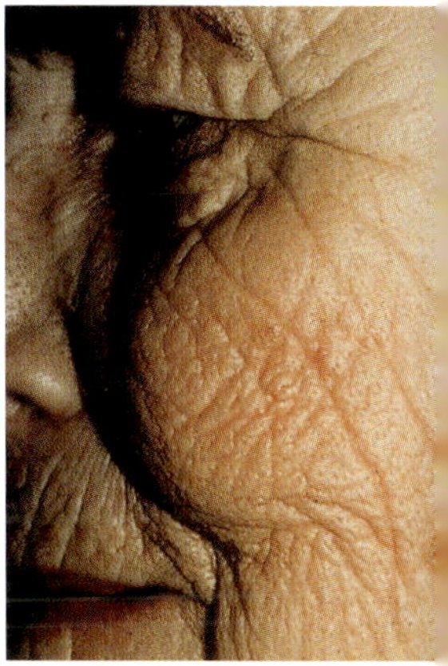

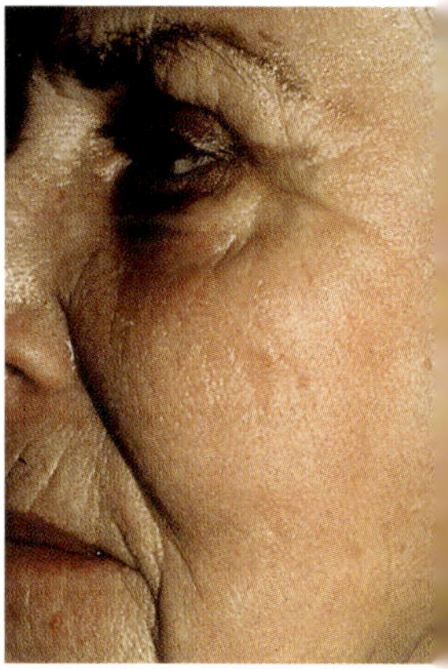

Für die ästhetische Korrektur von Gesichtsfalten stehen heute nebenwirkungsarme Verfahren zur Verfügung.

(Fotos: Sheri L. Rowen, M.D., F.A.C.S.)

Die ästhetische Korrektur von unschönen Gesichtsfalten ist heute mit geringem Aufwand möglich. Es stehen uns viele neue, gut wirksame und nebenwirkungsarme Verfahren zur Verfügung. Die kompetente Auswahl des geeigneten Verfahrens und die zuverlässige Durchführung stellen die eigentliche ärztliche Kunst dar.

Jeder Mensch hat eine andere Haut; jeder Faltentyp erfordert eine andere Behandlung. Um Falten optimal zu glätten, sollte Ihr Arzt mehrere Möglichkeiten der Faltenbehandlung beherrschen.

Dazu zählen:

- Laser-Therapie von feinen aktinischen (das heißt: durch zu viel Sonne hervorgerufene) Falten (z.B. Erbium-Laser, CO_2-Laser)
- Botox-Unterspritzung von mimischen Falten (sehr wirksam bei Augenbrauen-, Stirnfalten und anderen Gesichtsfalten)
- Implantation von Bio-Implantaten in tiefe Falten (früher mit Kollagenspritzen, heute Hyaluronsäure oder eigenes Fett)
- Face-Lift zur Beseitigung von Schwerkraftfalten
- Peeling-Behandlung zur allgemeinen Hautglättung

Auffällig sind vor allem die Falten der Stirn, und die Falten um und zwischen den Augen. Schon ab dem 20. Lebensjahr können diese Falten sich so eingraben, dass sie auch in Entspannung nicht mehr verschwinden. Mimik-Falten lassen sich heute durch Einspritzen kleinster Mengen Botulinumtoxin (Präparatenamen: Botox, Dysport) wirksam bessern. Die Laserbehandlung von Falten ist besonders geeignet, um eine vorgealterte Haut insgesamt zu verjüngen. Der Laser wirkt sehr gut bei vielen kleinen Falten, um den Mund, aber auch im ganzen Gesicht. Auch die Haut von Sonnenanbetern oder Solarium-Freunden lässt sich durch Laser bessern. Die Peeling-Behandlung wirkt in ähnlicher Form wie Laser. Laser trägt die obersten Hautschichten mit hochenergetischem Licht ab; Peeling beseitigt die Faltenhaut mit biologischen oder chemischen Lösungen, die auf die Haut aufgetragen werden. Mit so genannten Bioimplantaten füllt man Falten und eingesunkene Hautstellen einfach auf – das „Tal" der Falte wird mit einem Füllstoff unter der Haut aufgefüllt, der Talboden angehoben. Die Wirkung der Anti-Falten-Spritze hält sehr unterschiedlich lange an: von sechs Monaten bis viele Jahre lang – je nachdem, welches Präparat man verwendet, und wie aktiv die Enzyme der Haut sind.

Info Meist herrschen völlig falsche – zu hohe – Vorstellungen darüber, wie teuer die Faltenbehandlung ist. Haben Sie keine Hemmungen, mit Ihrem Hautarzt oder Schönheitschirurgen Ihr Faltenproblem zu besprechen. Nur wer die Möglichkeiten, Grenzen und Kosten der Faltenbehandlung kennt, kannt frei entscheiden, ob eine Faltenbehandlung als „sanfte" Form der ästhetischen Dermatologie für ihn/sie in Frage kommt.

Cellulite - die Orangenhaut

Viele Frauen leiden unter einer unschönen, ästhetisch störenden Hautveränderung an den Oberschenkeln und Hüften: der Cellulitis, oder Orangenhaut. Cellulite ist eine nicht krankhafte Ansammlung von aufgeblähten Fettzellen an Oberschenkel, Po, Hüfte und Bauch. Fast jede zweite Frau entwickelt mit zunehmendem Alter Cellulite – manche mit 20, viele ab dem 40. Lebensjahr. Ursache der Cellulite sind vererbte Faktoren, Bewegungs- und Ernährungsgewohnheiten, hormonbedingt erschlaffendes Bindegewebe, verminderter Blut- und Lymphfluss mit Wasser- und Elektrolyt-Stau, und die hormonabhängige Struktur des Fettgewebes. Männer leiden weniger unter Cellulite, weil ihre Fettzellen stärker mit Bindegewebsfäden verflochten und verankert sind. Das Fettgewebe der Frauen dagegen bildet unter dem Einfluss der weiblichen Hormone große kammerartige Fettzysten. Deren parallele Anordnung führt zum Matratzenphänomen der Haut. In den Wechseljahren, manchmal auch schon im 20. Lebensjahr, vermindert sich außerdem das Kollagen der mittleren Hautschichten. Die Fettzellen drücken dadurch leichter ihr Profil von unten nach oben durch die Haut.

Schon lange existieren Cellulitecremes aus verschiedenen hormonähnlichen Stoffen. Die meisten Cremes mit Pflanzenzusätzen (z.B. mit Mäusedorn, Efeu, Rosskastanien, Algen, Ginseng usw.) konnten bisher nicht überzeugen. Besser wirksam ist eine direkte äußerliche Hormonbehandlung mit männlichen Geschlechtshormonen. Hormone können die Fettzellen für eine Diät „öffnen“. Wichtig sind auch die Normalisierung des Körpergewichts und gezielter Sport oder Gymnastik. Wenn Hormone zum Fettabbau eingesetzt werden, so sollte man sie am besten unmittelbar vor sportlicher Betätigung in die Problemzonen einmassieren. Unterstützen kann man die Behandlung mit Wasser, Vibrations-, Unterwassermassagen oder Lymphdrainage. Ein ähnlicher Effekt kann zuhause mit Wechselduschen nach Pfarrer Kneipp erzielt werden. Seit wenigen Jahren existiert mit der französischen Cellulolipolyse (Elektro-Liposuction, Reizstrombehandlung) eine deutlich wirksame, neue Behandlungsmethode. Im Gegensatz zur normalen Fettabsaugung ist die Cellulolipolyse kein operativer Eingriff und schmerzfrei.

Altersflecken und Muttermale

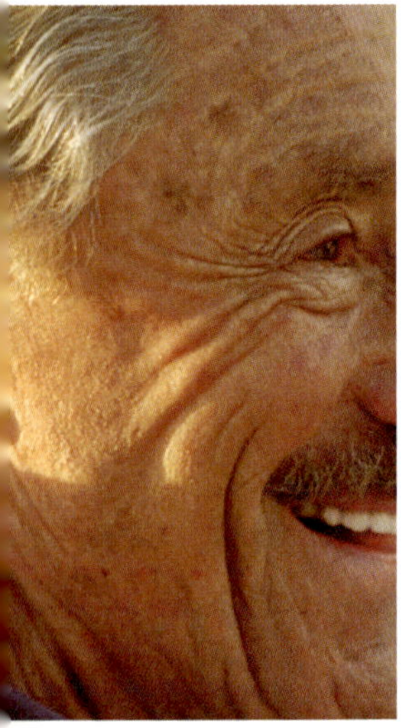

Jeder Mensch entdeckt mit zunehmendem Alter dunkle Flecken auf seiner Haut: Sonnenwarzen, Alterswarzen, Muttermale, Blutschwämmchen, Altersflecken, Hautkrebs. Die Natur verfügt über eine reichhaltige Palette solcher unschöner, teils auch gefährlicher Flecken. Viele Faktoren tragen dazu bei, dass sich Pigmentmale im Lauf des Lebens vermehren und größer werden: Erbanlage, hormonelle Einflüsse in den Wachstumsphasen, Schwangerschaft, UV-Licht. Nicht jeder schwarze Fleck oder Knoten der Haut ist Hautkrebs. Glücklicherweise handelt es sich bei bräunlichen oder schwarzen Flecken und Knötchen mit gefurchter Oberfläche meist um harmlose Veränderungen, die im Volksmund treffend „Altersflecken" oder „Alterswarzen" heißen. Manche sehen wie Muttermale, Warzen oder auch Hautkrebs, andere wie kleine Quadersteine aus. Diese Warzen sind absolut harmlos – aber manchmal sehr hässlich. Da die Unterscheidung zu schwarzem Hautkrebs oft nicht einfach ist, sollte jeder schwarze Knoten dem Dermatologen gezeigt werden.

Eine Behandlung (d.h. Entfernung) eines pigmentierten Hautflecks ist immer dann medizinisch notwendig, wenn ein krebsartiges Geschwulst nicht sicher ausgeschlossen werden kann. Wenn der Facharzt ihre Harmlosigkeit durch eine Auflicht-mikroskopische Begutachtung festgestellt hat, können sie leicht und folgenlos aus ästhetischen Gründen entfernt werden. Je nach Größe und Art der Veränderung kommen operatives Herausschneiden, Kurettage („Abschaben"), Röntgenbestrahlung, chemische Verätzung oder Laserabtragung in Frage. Operativ tätige Hautärzte besitzen meist große Erfahrung bei solchen Hautoperationen. Sie können am besten abschätzen, wann eine große Umschneidung notwendig oder eine Laserentfernung möglich ist.

Gesichtsäderchen, Couperose

Kleine Gefäßerweitungen an Wangen und Nase, „geplatzte Äderchen“ und ungewöhnlich rote Wangen zählen zu den häufig sehr störenden Hautveränderungen der mittleren Jahre („Couperose“ genannt). Die Ursachen sind vielfältig. Häufige Sonnenbäder regen das Gefäßwachstum an. Die hormonellen Veränderungen in der Schwangerschaften, die Einnahme von Östrogenpillen, Alkohol und Zigaretten fördert die Erweiterung der Gesichtsäderchen. Saunabesuche und Dampfbäder fördern die Gesichtsrötung ebenso wie Bürstenmassagen. Was tun? Feuchte Kompressen beruhigen die Haut, sodass die Äderchen sich verengen. Hilfreich ist das Kaschieren der Couperose mit speziellen grünen Abdeckstiften unter dem Make-up. Gelegentlich sollte ein Hautarzt die Äderchen einmal angesehen haben, denn es könnte sich um das Anfangsstadium einer so genannten „Rosacea“ handeln. Diese „Altersakne“ erfordert eine gänzlich andere Therapie als die Couperose. Häufig werden die kleinen Gefäße mit einer feinen elektrischen Nadel verödet. Meist ist das Resultat hervorragend. Manchmal kommen die Gefäße allerdings wieder, sehr selten bleibt an der Stelle des „Stichelns“ eine kleinste Delle zurück. Besonders beliebt und erfolgreich ist die Laserbehandlung. Das Laserlicht zerstört ganz gezielt die roten Blutkörperchen und damit die Gefäße. Die Haut darüber bleibt dabei unversehrt. Es werden verschiedene Laserarten eingesetzt, die spezifische Vor- und Nachteile besitzen.

Talgdrüsenvergrößerung

Schon vor dem fünfzigsten Lebensjahr können kleine gelbliche Höckerchen auf Wangen, Stirn und Nase unsere jugendliche Erscheinung verunzieren. Es handelt sich um eine Talgdrüsenvergrößerung oder „Talgdrüsenhyperplasie“. Manchmal können diese kleinen gelblichen Drüsen ganz ähnlich wie Vorstadien von Hautkrebs aussehen; eine mikroskopische Untersuchung bringt dann Klarheit. Da die Hautveränderungen von vielen Menschen als störend empfunden werden, wird oft ihre Entfernung gewünscht. Nach einer Laserbehandlung verschwinden die Vergrößerungen fast unsichtbar.

Altersangiome

Altersangiome sind einige Millimeter kleine, knallrote Knötchen auf der Haut. Es handelt sich dabei um völlig harmlose Gefäßerweiterungen. Die ersten Angiome können sich schon mit Dreißig bilden, schubweise Vermehrungen sieht man allerdings meist erst im Pensionsalter. Eine Behandlung der stecknadelkopf- bis erbsengroßen Knötchen ist nicht notwendig – bei einer Verletzung können sie zwar stärker bluten, sie sind aber sonst völlig harmlos. Aus kosmetischen Gründen lassen sie sich mit dem Laser (narbenlos) veröden.

Sonnenwarzen, aktinische Keratosen

Die Kehrseite der herrlichen Urlaube im sonnigen Süden lernen wir oft erst im Rentenalter bzw. nach der Pensionierung an unserer Haut kennen. Gelbliche oder rotbraune, schmerzlose Krusten und Hornablagerungen können überall entstehen, wo die Sonne besonders intensiv eingewirkt hat: an Handrücken, Glatze, Wangenknochen, Nase. Man nennt diese Flecken „aktinische Keratosen“ oder „Sonnenwarzen“. Nach jahrelanger harmloser Existenz kann sich aus ihnen eine häufige Hautkrebsart entwickeln, das Spindelzellkarzinom. Bei Menschen mit normaler Sonnenbelastung entstehen diese Keratosen erst nach dem 60. Lebensjahr. Schon in jüngeren Jahren werden sie bei Menschen mit heller Haut und bei denjenigen gesehen, die aus beruflichen oder privaten Gründen lange Jahre der Sonne ausgesetzt waren. Jede neu aufgetretene, gelb oder rot schuppende Hautveränderung sollte vom Hautarzt begutachtet werden.

Hautpeeling – von sanft bis aggressiv

Altersflecken und Fältchen entstehen in den ersten Millimetern der Hautoberfläche. Es liegt daher nahe, die obersten Hautlagen und damit auch Hautflecken, Sonnenschäden und oberflächliche Falten zu entfernen. Kosmetikerinnen und Ärzte sprechen von „Peeling“ oder Schälkur, wenn genau dies mit einer äußerlichen Behandlung versucht wird. Je nach der Tiefenwirkung der Schälkur gibt es „oberflächliches“, „mitteltiefes“ und „tiefes“ Peeling. Tiefes Peeling (z.B. mit Phenol) ist riskant und sollte (wenn überhaupt) nur von Spezialisten vorgenommen werden. Die oberflächlicheren Peelingverfahren werden häufig in Hautarztpraxen und Schönheitskliniken angewendet. Die einfachste Form des Peelings besteht darin, die Haut mit milden Peelingpasten oder Kräutermasken abzureiben. Die Anwendung dieser frei verkäuflichen Kosmetika ist risikolos auch zuhause möglich, der positive Effekt aber eher gering. Je nach Art des Peelings und behandelter Hautfläche kann eine „medizinische" Peelingbehandlung wenige Minuten bis Stunden dauern. Welches Peelingverfahren für den Einzelnen in Frage kommt, kann nur individuell entschieden werden. Die Auswahl richtet sich nach der Art des Schönheitsproblems, dem Hauttyp und vorbestehender Neigung zu fleckiger Narbenbildung. Jede Art von Peeling verschönert die Haut nur vorübergehend und sollte daher immer wieder einmal wiederholt werden. Eine dauernde Nachbehandlung mit schwach konzentrierter Vitamin-A-Säure oder Fruchtsäurecremes verlängert den positiven Effekt beträchtlich.

Laser

Lasergeräte haben in der Behandlung von Hautveränderungen völlig neue Möglichkeiten eröffnet. Laserstrahlen sind hochenergiereiche Lichtstrahlen, die gezielt, berührungslos und gewebeschonend roten Blutfarbstoff, Pigmentpartikel, Zellgewebe, Haarwurzeln oder anderes Gewebe zerstören. Es wurden zahlreiche Laser-Systeme entwickelt, die verschiedene Aufgaben erfüllen können. Da der Laserstrahl meist narbenlos oder narbenarm arbeitet, ist die Laserbehandlung besonders geeignet fürs Gesicht, aber auch jede andere Körperstelle. Laserbehandlungen erfüllen die hohen Anforderungen an ästhetisch zufriedenstellende, moderne Behandlungsmethoden. Trotzdem sollte man nie vergessen, dass jede Laserbehandlung ein operativer Eingriff ist, der nur vom Facharzt angeboten werden sollte. In der ästhetischen Dermatologie und Schönheitschirurgie werden ganz verschiedenartige Lasergeräte bei unterschiedlichen Krankheiten eingesetzt. Sie unterscheiden sich in Wellenlänge und Farbe des Laserlichts, Technik und Energiestärke. $C0_2$-Laser und Erbium-Laser schneiden wie ein Skalpell oder „radieren" die Haut schichtweise ab – ohne dass es blutet. Hautärzte operieren damit Warzen und Tumoren, entfernen Tätowierungen, Falten und Hautflecken. Vor der Laserbehandlung sollte immer (durch Auflicht-Mikroskopie oder Probeentnahme) durch den Hautarzt sichergestellt sein, dass es sich beim gelaserten Hautmal keinesfalls um Hautkrebs handeln kann. „Argon-Laser“, „Nd-Yag.Laser“ oder „Krypton-Laser“ können zur Entfernung kleiner Hautgefäße und von Blutschwämmen eingesetzt werden; „Rubinlaser“ sind hilfreich bei der narbenlosen Entfernung von Tätowierungen, und „Alexandrit-“ oder „Dioden-Laser“ eignen sich zur Entfernung von Haaren. Cool-Touch-Laser werden uns in Zukunft vielleicht die unblutige Faltenbehandlung ohne Verletzung der Hautoberfläche ermöglichen. Ständig werden neue Weiterentwicklungen dieser „Wunderwaffen“ entwickelt. Eine intensive Beratung ist daher Voraussetzung jeder Anti-Aging-Laserbehandlung.

Enthaarung

Haare verhalten sich beim Altern paradox: Auf dem Kopf werden sie immer weniger und dünner; sie können jedoch im Gesicht, an der Oberlippe oder auf den Beinen auch dicker, dunkler, dichter und hässlicher werden. Laser-Geräte haben die kosmetische und medizinische Entfernung unerwünschter Haare revolutioniert. Die Erfolge älterer Lasergeräte waren begrenzt. Die neuesten Geräte zur Haarentfernung basieren beispielsweise auf der so genannten Dioden-Technik und überzeugen durch ihre Schnelligkeit, Wirksamkeit und Armut an Nebenwirkungen. Das Licht des Lasers zerstört die Wachstumszonen der Haarwurzeln, ohne die umgebende Haut zu sehr zu belasten. Bei jeder Behandlung kann nur ein Teil der Haarwurzeln zerstört werden. Die Haare in ihrer Ruhephase sind dem Laserlicht nicht zugänglich und müssen später in einem zweiten oder dritten Durchgang behandelt werden. Das Ziel der Laserbehandlung ist die Reduzierung und Beseitigung unerwünschter Haare für längere Zeit, bei optimalem Erfolg die dauerhafte Enthaarung. Da diese neue Technologie erst seit wenigen Jahren existiert, wissen wir noch nicht genau, bei wem und wann dieses optimale Ergebnis eintritt. In Abhängigkeit von Hauttyp, Haarfarbe und Art der bisherigen Vorbehandlungen sind aber immer mehrere Behandlungen erfor-

derlich. Blonde oder weiße Haare lassen sich bisher nicht mit Laserlicht beseitigen. Je dunkler das Haar und je heller die Haut, um so schneller und problemloser gelingt die Enthaarung.

Schönheitsoperationen

Ob Lachfalten und Denkrunzeln, Speckpolster und Tränensäcke, Glatzenbildung oder Altersflecken unser Wohlbefinden beeinträchtigen, ist Persönlichkeitssache. Viele Frauen und Männer sind mit zunehmendem Alte unzufrieden beim Blick in den Spiegel. Ständig fasten, joggen, Bauch einziehen – und die Fettpolster nehmen trotzdem zu? Warum nicht einen Versuch wagen, mit eingreifenderen, aber dauerhafteren Methoden der Verschönerung unseres Körpers? Plastische Chirurgen und Dermatologen haben ein erstaunliches Arsenal von gut erprobten Techniken entwickelt, um fast jedes tatsächliche oder vermeintliche Schönheitsproblem mit Spritze und Skalpell zu beseitigen.
Woher weiß ein Chirurg aber, was für seine Patientin „schön“ ist, wie er das Messer ansetzen soll? Die Planung einer Schönheitsoperation basiert hauptsächlich auf den Wünschen des Patienten, die vor der Operation detailliert erforscht werden müssen. Als zusätzliche Hilfe existieren gut erforschte „Idealproportionen“ des Körpers und Gesichts. Sie werden heute von Männern und Frauen in unseren Breiten gleichermaßen als schön empfunden, auch wenn wir uns vielleicht innerlich gegen diese Uniformierung sträuben. Ganze Bibliotheken sind veröffentlicht worden über den gesellschaftlichen Stellenwert von Schönheitsidealen, über die subtile Stabilisierung von weiblichen und männlichen Stereotypen oder über die wirtschaftliche Bedeutung der Schönheitsindustrie. Ich kann und will zu diesem umfangreichen und kontroversen Themenkomplex an dieser Stelle nicht Stellung nehmen. Als Arzt sehe ich meine Aufgabe vorrangig darin, meinen Patienten bei ihrer persönli-

chen Entscheidung für oder gegen eine bestimmte medizinische Maßnahme zu helfen. Selbstverständlich dürfen Schönheitsoperationen keine „Psychotherapie“ oder „Familientherapie“ mit dem Skalpell sein. Eine zerbrechende Paarbeziehung in der Lebensmitte lässt sich fast nie durch eine Schönheitsoperation retten. Hier ist nicht mehr der Chirurg, sondern ein Psychotherapeut gefordert. Andererseits sollten die Möglichkeiten der Schönheitschirurgie bei psychischen Problemen offensiv genutzt werden. Manche Menschen leiden aufgrund auffälliger Schönheitfehler an schwerwiegenden Depressionen und unterziehen sich erfolglos jahrelanger psychotherapeutischer Behandlung. Eine relativ einfache Operation kann in solchen Fällen oft auf einen Schlag äußere Schönheit und inneren Frieden wiederherstellen. Nur der gut informierte Patient selbst kann eine eigene, vernünftige Auswahl treffen. Zum umfangreichen ärztlichen und kosmetischen Verschönerungsarsenal zählen folgende Verfahren:

- Faltenentfernung
- Permanentes Make-up
- Hautpeeling
- Haare verpflanzen
- Stirn straffen
- Unterspritzen von Falten
- Lippenaufbau
- Oberlider anheben
- Tränensäcke straffen
- Wangen aufbauen
- Nasen korrigieren
- Ohren anlegen
- Kinn vergrößern
- Hals straffen
- Doppelkinn entfernen
- Gesichtsstraffung (Facelifting)
- Brust vergrößern und verkleinern
- Narbenbehandlung
- Fettabsaugung
- Penisverlängerung
- Gesäßimplantate, Gesäßstraffung
- Oberschenkelstraffung

Zur häufigsten Schönheitsoperation hat sich in den letzten Jahren die Fettabsaugung entwickelt. Neue, gut verträgliche Absaugverfahren mit kleinen Kanülen und eine neue Methode der örtlichen Betäubung („Tumeszenz-Anästhesie“) haben diese Operation revolutioniert. Fettabsaugungen entfernen Fettzellen für immer aus unerwünschten Arealen. Das Gegenstück zur Fettabsaugung ist die Fettinjektion. Dabei wird körpereigenes Fett aus Po oder Hüften entnommen und an anderen Problemzonen wieder eingespritzt. Zu dicke Fettpolster werden so dünner und hohle Wangen sowie tiefe Falten können gepolstert werden. Auch Face-Lift und Lidstraffungen erfreuen sich in Europa zunehmender Beliebtheit als ultimative Anti-Aging-Maßnahmen.

Eine gründliche Gewissenserforschung des Patienten muss vor jeder Schönheitsoperation erfolgen. Schon im Vorfeld der Operation sollte man sich mit folgenden Fragen beschäftigen: „Was sind meine Gründe, die Risiken eines solchen Eingriffs auf mich zu nehmen? Welche Hoffnungen verbinde ich mit der Verschönerung? Wie ändert sich mein Leben, wenn der Eingriff gelingt? Wie würde es sich ändern, wenn er misslingt? Werde ich mich sicher mit meinem neuen Aussehen identifizieren können?“

Je unauffälliger und naturnäher das Ergebnis eines schönheitschirurgischen Eingriffs ausfällt, umso dauerhafter wird der Erfolg sein.

Gelungen ist eine Schönheitsoperation, wenn die ästhetischen Überlegungen des Operateurs mit den Erwartungen des Patienten und den Reaktionen der Umgebung nach der Korrektur harmonieren.

Weitere Informationen über Haarentfernung, Laser, Faltenbehandlung und weitere ästhetisch-dermatologische Behandlungen erhalten Sie über:
medoCentis Gesundheitsdienste GmbH München
Tel. 089 / 62 73 78 17

Ein gesunder Geist in einem gesunden Körper

Körper und Geist sind zwei Seiten einer Einheit. Gesunde Ernährung, ausgewogene Hormone, ausreichende Vitaminzufuhr halten nicht nur Muskeln und Knochen fit, sondern auch unseren Geist und unsere Gefühle. Weder eine einseitige Konzentration auf Hormonersatz-Behandlung, noch Schönheits-

chirugie, noch Fitness-Training allein sind einer ganzheitlichen Anti-Aging-Strategie angemessen. Wer nur durch den Wald joggt, fettarm isst und Vitamine schluckt, bewältigt damit nicht unbedingt auch seine Ängste vor dem Altern, Unsicherheit über die eigene Gesundheit oder ungute Selbstüberschätzung. Jugendlichkeit ist auch eine Frage von Einstellung, Geisteshaltung und Lebensgefühl. Unguter, unerwünschter Stress macht nachweislich krank und verkürzt das Leben. Ungesunder Stress zeigt sich an zorniger Unbeherrschtheit, unterschwelliger Aggressivität, Feindseligkeit, Ungeduld und Angstgefühlen. Guter, motivierender und lebensverlängernder Stress dagegen geht mit Leistungslust und Freude an der Arbeit und den Menschen einher. Wissenschaftler wissen, dass die Kraftquellen des Lebens aus körperlichen, sozialen und persönlichen Ressourcen gespeist werden. Machen Sie Schluss damit, „gelebt zu werden". Tun Sie nichts mehr aus schlechtem Gewissen oder um es anderen recht zu machen.

Info Die folgenden **sechs goldenen Regeln für ewige Jugendlichkeit** stammen von den US-Alterungsforschern D. Mahoney und R. Restak:

1. Ändern Sie Ihre Lebenseinstellung. Optimisten leben nicht nur länger, sondern auch besser.

2. Lernen Sie, besser mit Stress umzugehen. „Guter" Stress vitalisiert, schlecht verarbeiteter Stress verkürzt das Leben.

3. Seien Sie Gestalter, nicht Zuschauer Ihres Lebens.

4. Tun Sie auch etwas für andere. Soziale Beziehungen sind für das Gleichgewicht der Gefühle unersetzlich; trainieren Sie Ihren „sozialen Muskel" genauso wie Ihren „Ego-Muskel".

5. Schon Churchill sagte: „Setzen Sie sich nie, niemals zur Ruhe." Setzen Sie sich lieber neue Ziele.

6. Nutzen Sie neue Technologien. Computer und Internet sind wunderbare Werkzeuge, um neue Welten und neue Menschen kennenzulernen.

Setzen Sie sich niemals zur Ruhe!

Träumen Sie, bekennen Sie sich zu Ihren Wünschen, und beginnen Sie sofort damit. Jedes lange, gute Leben besteht aus einzeln gemeisterten Tagen, aus vielen kleinen Schritten, aus unzähligen einzelnen Entscheidungen, aus täglichen Neuentdeckungen. Michelangelo übernahm mit 71 Jahren die Bauleitung des Petersdoms, Kant schrieb mit 73 sein berühmtes Buch „Metaphysik der Sitten". Verdi schrieb mit 80 seine Oper „Falstaff" und Goethe schloss mit 81 seinen „Faust II" ab. Was werden Sie mit 80 Jahren Neues beginnen?

Kreativität und Vitalität

Kreativität und Vitalität sind wesentliche Eigenschaften, damit ein langes Leben lebenswert bleibt. Seit den 80er Jahren untersuchen viele Alterungsforscher ein systematisches „Gehirnjogging": Man vermutet, jede Geistesfunktion lasse sich bis ins hohe Alter trainieren wie ein Muskel. Zwar streiten Gehirnforscher noch um den besten Weg zu diesem Ziel. Es ist aber aufgrund zahlreicher praktischer Versuche erwiesen, dass systematisches Gehirntraining das Gedächtnis, die Wahrnehmungsfähigkeit, die Wachheit, die Motivation und das Selbstvertrauen fördern. Zur eher jugendlichen Intelligenz zählt beispielsweise der Kurzspeicher des Gedächtnisses, die Zentralinstanz menschlichen Denkens. Diese Intelligenzart ermöglicht uns, Probleme ohne Rückgriff auf Erfahrungen aus der Situation heraus zu lösen. Diese Gehirnfunktion ist am besten mit dem Arbeitsspeicher eines Computers vergleichbar; ihre Kapazität ist im wesentlichen angeboren und nimmt ab dem 20. Lebensjahr langsam, aber ständig ab. Erstaunlich aber wahr: viele kleine Mahlzeiten und reichlich Trinken (mehr als 2 l täglich) fördern sie. Mit ihrer Hilfe können wir auch Wissen, Wortschatz und Erfahrung erwerben. Geistige Flinkheit und Kurzzeitgedächnis sind aber nur ein Teil unserer gesamten Intelligenz.

Der französische Impressionist Claude Monet war auch im Alter von über 80 Jahren noch erfolgreich kreativ tätig.

Denn trotz langsamen, schmerzlich erlebten Nachlassens des Gedächtnisses können wir bis ins hohe Alter noch Wissen und Erfahrung vermehren – diese Aspekte der Intelligenz ähneln dem, was man früher vielleicht „Altersweisheit“ nannte.

Wer sich geistig nicht fordert, kann auch schon mit zwanzig vergreisen. Goethe sprach: „Alt werden heißt, ein neues Geschäft zu beginnen.“ Fitness-Programme für die grauen Zellen, gezielte Stimulation und neue Eindrücke sorgen für dauerhafte intellektuelle Beweglichkeit. Erfolg und langes Leben erfordern Lernbereitschaft und Flexibilität.

ANTI-AGING-TIPP!

Bereichern Sie Ihr Anti-Aging-Credo mit folgenden Maximen:

- ***Ich will immer dazu lernen.***
- ***Ich brauche andere Menschen, die mich unterstützen.***
- ***Ich glaube an einen höheren Sinn – an Gott, ein Naturprinzip...***

Ungesunder „Dys-Stress“ ist ein wichtiger lebensverkürzender Störfaktor. Die Stresshormone Adrenalin und Cortisol stören das Orchester der Hormone so lange, bis die Immunantwort zusammenbricht. 1991 infizierte man in Pittsburg/USA 400 Freiwillige mit einem Erkältungsvirus. Eine Hälfte davon war vorher künstlich „gestresst“ worden, die andere nicht. Folge davon: 90% der akut Gestressten erkrankten an Schnupfen, aber nur 74% der Nichtgestressten. Bei Folgeuntersuchungen konnte gezeigt werden, dass Arbeitskonflikte oder Familienstreit (also chronischer Stress) die Immunabwehr besonders beanspruchen. Von Affen wissen wir, dass soziale Konflikte vor allem die Rangniederen erkranken lassen. Herzkrank werden vor allem solche Makakken, die von ranghöheren Tieren ständig gedemütigt werden. Wissenschaftliche Untersuchungen beweisen auch den Zusammenhang zwischen dem Stresshormon Prolactin und Gelenkrheuma oder zwischen dem Stresshormon Adrenalin und der Schlaganfallhäufigkeit. Die gesunde Art der menschlichen Stressbewältigung unterscheidet sich deutlich von der rein hormongesteuerten Gefahrenabwehr der Tiere. Tiere im Stress sind den Wirkungen ihrer Stresshormone ausgeliefert: Sie müssen kämpfen oder fliehen. Wir dagegen können durch die Art unserer Reaktion auf Stress den Blutspiegel negativer Stresshormone deutlich verändern. Innere Starrheit bedeutet, wie ein Tier den Stresshormonen ausgeliefert zu sein. Leider verengt sich in Stresssituationen die Wahrnehmung auf das, was zu unseren eintrainierten Verhaltensmustern zählt. Eine gesunde, flexible Stressbewältigung erfordert, dass wir uns mental, emotional und körperlich eine flexible Stressverarbeitung antrainieren. Mentales Training lässt sich im Alltag leicht umsetzen. Das Prinzip ist einfach: Wir schaffen eine Pause in der Routine, entspannen Körper und Geist, polen unsere Gedanken zum Positiven um und gewinnen so neue Energie.

Suchen Sie sich Menschen, die Sie unterstützen.

Finden Sie heraus, was Ihnen guttut – und tun Sie es. Lassen wir uns vom Lebensmut der Amerikaner anstecken; Amerikas Lebensmotto lautet einfach: „Just do it." Als der Amerikaner John Glenn mit 77 Jahren als Astronaut in den Weltraum flog, hatte er natürlich ein hartes körperliches Training hinter sich. Aber entscheidend für diese unglaubliche Leistung war seine innere Einstellung: Man ist so jung, wie man sich fühlt – diese alte Lebensweisheit stimmt! Trainieren Sie Ihre Gefühle und Ihr Unterbewusstsein genauso systematisch wie Ihren Körper. Gehirnjogging macht klüger und verringert psychosomatische Alterungsbeschwerden. Ausdauersport und Yoga verbessern die Sauerstoffversorgung des Gehirns und halten den Kopf fit.

Info

Gezielte Entspannungsübungen haben zahlreiche positive Auswirkungen auf Körper und Geist:

- Stresshormone nehmen ab
- Blutfette und Bluthochdruck sinken
- Herz- und Atemfrequenz sinken
- Magenbeschwerden verschwinden
- muskuläre Verspannungen lösen sich
- innere Unruhe legt sich
- der Nachtschlaf wird länger
- das Immunsystem wird gestärkt
- die Konzentrationsfähigkeit wird verbessert

Um die Lebensuhr des Stressgeplagten wieder langsamer und länger laufen zu lassen, sollten Sie in kleinen Schritten die folgenden Strategien umsetzen:

- Vermindern Sie Ihre Stressdosis. Dafür gibt es wiederum drei Strategien: Stressoren reduzieren (zum Beispiel Schallschutzfenster einbauen, Lärm am Arbeitsplatz vermindern), Stressoren ausschalten (zum Beispiel Handy nicht mit in Freizeit nehmen), Stressoren vermeiden (zum Beispiel Kontakt zu stressigen Personen einstellen).

- Werden Sie „stressstabiler“: Lernen Sie, Stressoren anders zu bewerten („ letztlich ist doch alles nur ein Spiel“); erlernen Sie ein Entspannungsverfahren („5 Minuten aktive Entspannung vor einer wichtigen Sitzung“).

- Drosseln Sie Ihre Erregung bei Spitzenstress: „Erregungsspitzen kappen“, „Aufschaukeln von Aggressionen verhindern“ (sich bei Freunden ausweinen, im Auto laut schreien).

Wir kennen die Lebenseinstellung der Menschen, die besonders gut mit Stress umgehen können: Sie zeichnen sich durch eine gesunde Mischung aus Selbstvertrauen, Engagement und Risikolust aus. Außerdem leben sie in dem Gefühl, die Welt zu begreifen und zu verstehen.

Stress wegatmen

Schon Buddha kannte die Wichtigkeit des richtigen Atmens. Wir kennen heute die biochemische Grundlage, warum Atemübungen im Yoga so wichtig sind. Bei Stress atmen wir – biologisch programmiert – schneller und tiefer ein. Wir geben damit dem Körper den Sauerstoff, den er zum Kämpfen oder Weglaufen benötigt. Längerdauernder Stress führt über diesen Atemreflex jedoch indirekt zu einer Verminderung des Kalziumspiegels im Blut. Kalziummangel macht nervös, macht Muskelverspannungen und Kopfschmerzen. Beim langsamen, tiefen Ausatmen steigt der Kalziumspiegel wieder an. Formel-1-Rennfahrer kennen diesen Effekt und nutzen ihn, um besser über ihre Runden zu kommen. Trainieren auch Sie Ihre Atemtechnik zum Stressabbau.

Versuchen Sie einmal folgende Übung:
Setzen Sie sich entspannt in einen bequemen Sessel. Legen Sie die Arme auf Ihre Oberschenkel. Atmen Sie bei geschlossenen Augen langsam tief ein und aus. Zählen Sie mit: 7 Sekunden einatmen, 7 Sekunden ausatmen. Sie verlangsamen so Ihre Atmung auf 4 Atemzüge pro Minute (der normale Atemrhythmus ist 16-mal pro Minute). Wenn Sie dies 5 Minuten tun, so steigt Ihr Kalziumspiegel im Blut – wohlige Entspannung und Kraft werden Sie durchfluten. Versuchen Sie diese Übung beim nächsten Mal, wenn Sie Stress erwarten. Die Übung eignet sich hervorragend, um vor einem Vortrag, einem Gespräch mit dem Chef oder einer Aussprache mit dem Partner innere Ruhe zu finden.

Schon Buddha erkannte, welch wichtige Rolle der Atemrhythmus in unserer Lebensführung spielt.

Milchsäure abbauen

Unsere Muskulatur arbeitet ständig, ohne dass wir es bemerken. Muskeln halten den Kopf aufrecht, den Rücken gerade, bewegen unsere Hände an der Computertastatur. Auch Muskeln kennen einerseits entspanntes, andererseits ungesundes Arbeiten. Bei Gefahr ziehen wir – reflexartig – den Kopf ein. Ziehen Sie – bildlich gesprochen – auch bei der Arbeit den ganzen Tag den Kopf ein? Spüren Sie den Druck im Nacken, weil Sie überfordert sind? Ihre Schulter- und Nackenmuskulatur ist dann ständig angespannt, verhärtet und übersäuert. Muskeln unter Dauerspannung arbeiten im Sauerstoffmangel und produzieren zuviel Milchsäure (Laktat). Diese Milchsäure macht nicht nur schmerzhafte Muskelknoten, sie macht auch müde. Das ist der Grund, warum einige gestresste Stunden im Büro körperlich so müde machen wie Holzhacken. Gönnen Sie Ihrem Körper mit einer einfachen Übung immer wieder einmal eine „Laktat-Pause“: Lassen Sie bewusst Ihre Schultern und Arme fallen. Lassen Sie die Schultern fallen, wenn Sie bei Rot an der Ampel stehen; lassen Sie die Schultern fallen, wenn Sie am Computerbildschirm etwas längeres Lesen müssen... Und atmen Sie dabei tief und lange aus... Das Blutkalzium steigt, die Milchsäure im Blut sinkt, die Stresshormone fallen ab, Ihre Stimmung steigt....

Gedächtnisfutter

Die richtige Ernährung hat einen wesentlichen, positiven Einfluss auf geistige Frische und Gehirnfunktion. Im Tierexperiment konnte gezeigt werden, dass eine „uralte“ Labormaus (32 Monate alt) unter einer leichten Fastendiät genauso agil und intelligent ist wie eine „normal“ ernährte Maus von 12 Monaten. Auf Menschen übertragen würde dies bedeuten, dass die Lern- und Gedächtnisfähigkeiten eines 75-Jährigen so gut wären wie die eines 25-Jährigen. Die Kaiser-König-Bettler-Ernährung steigert also nicht nur die Lebensdauer, sondern trainiert auch unser Gehirn. Eine schleichende Gedächtnisschwäche kann darüber hinaus häufig mit Hormongaben, speziell Östrogenen, effektiv behandelt werden. Östrogene regen die Bildung von Wachstumsfaktoren an, die wiederum die bessere Vernetzung von Nervenzellen und ein besseres Gedächtnis fördern.

Eine schleichende Gedächtnisschwäche lässt sich effektiv behandeln.

Info Die orthomolekulare Medizin empfiehlt zum Schutz des Gedächtnisses die Gabe folgender Substanzen:

- Cholin (erhöht den Spiegel des Neurotransmitters Acetylcholin)
- Mangan (optimiert die Wirkung von Cholin)
- Vitamine B3, B5, B6
- Dimethylglycin (erhöht die Sauerstoffzufuhr des Gehirns)
- Ginkgo biloba (verbessert die Blutzufuhr des Gehirns)
- DHEA (fördert und regeneriert Nervenzellen)

Erfüllte Sexualität ist in jedem Alter möglich.

Sex im Alter

Erfüllte Sexualität ist in jedem Alter möglich. Sex ist eine wunderbare Sache, wenn Gelegenheit und Fähigkeiten stimmen. Wenn fehlender Partner oder körperliche Gebrechen Sex unerreichbar machen, lässt sich auch ohne Sex gut leben.

Noch mehr als in der Jugend sollten wir mit zunehmendem Alter in sexueller Aktivität eine Möglichkeit, aber keinen Zwang sehen. Sexuelles Erleben, sexuelle Lust entstehen in einem komplizierten Geflecht von Hormonen, Bildern, Gerüchen, Gefühlen zwischen Körper und Seele. Die anatomischen und hormonellen Voraussetzungen müssen zwar stimmen – aber noch immer ist das Gehirn unser größtes Sexualorgan.

Picasso meinte, man müsse schon sehr lange leben, um jung zu werden. Als er mit 91 Jahren starb, war er geistig jünger als die meisten Menschen in seiner Umgebung; seine Anziehungskraft auf Frauen war legendär.

Faszinierende Charaktereigenschaften, erotische Atmosphäre, Gerüche und Bilder, Körperempfindungen und Berührungen lassen das Lustempfinden erst wachsen und regen Nervenzellen im Lustzentrum des Zwischenhirns an. Das segensreiche Wirken unserer Lustmoleküle kann allerdings rasch durch seelischen oder körperlichen Stress blockiert werden. Trotz größter „Gehirnlust“ wird die Ausführung des sexuellen Verkehrs scheitern, wenn die Blutversorgung der Sexualorgane oder die Hormonmenge im Blut ungenügend ist. Zahlreiche Alterskrankheiten können zu körperlichen Störungen der Sexualität führen: Bluthochdruck, Durchblutungsstörungen, Diabetes, Hormonstörungen, hohe Blutfette...

Nicht selten mangelt es auch an sexueller Lust: Der Anblick erotischer Bilder führt zu eindeutigen Reaktionen in der Körpermitte; der Anblick des Partners dagegen langweilt nur. Orgasmusschwierigkeiten und eine trockene Scheide quälen viele Frauen und können zum großen Problem einer Partnerschaft werden.

Im alten Rom wollte man sexuelle Störungen mit den Zungen von Singvögeln heilen; die Griechen wollten mit Stierhoden die Manneskraft steigern; in China glaubt man an die Wunderkraft von pulverisiertem Nashorn und Tigerinnereien. Casanova soll zur Potenzstärkung täglich 50 Austern gegessen haben. Von frei verkäuflichen Potenzmitteln sollten Sie die Finger lassen; sie nützen nur dem Geldbeutel der Verkäufer. Ärzte kennen heute zahlreiche, gut verträgliche und wirksame Hilfen bei nachlassender Potenz: von Viagra über Injektionsbehandlungen bis zur Hormontherapie. Ob Sex mit einem Partner, oder Sex mit sich selbst – nutzen Sie die Möglichkeiten dieser natürlichen Wohlfühl-Medizin.

Positives Denken

Selbstdisziplin, Einsatzbereitschaft, Training, Nachdenken... all das sind wichtige Werkzeuge in unserem Bemühen um ein besseres, längeres Leben. Doch die Natur hat uns weitere Mittel geschenkt, wie wir unsere Ziele erreichen können. Unsere Gefühle und unser Unterbewusstsein sind mächtige Helfer für ein langes, zufriedenes Leben. Gefühle, Immunsystem und Hormonbildung hängen unmittelbar zusammen. Neid, Angst, Wut, Verzweiflung oder Ärger schwächen unsere Leistungsfähigkeit, machen krank und lassen uns „alt aussehen". Freude, Glück, Zufriedenheit und Fröhlichkeit stärken das Immunsystem, aktivieren unsere Selbstheilungskräfte und erhalten jung. Unguter, ärgerlicher Stress verkrampft den Körper, macht Kopfschmerzen und Nervosität. Die Produktion des Glückshormons Serotonin im Gehirn wird gedrosselt. Wir werden unglücklich, schlafen schlecht und unsere Infektanfälligkeit steigt. Es ist kein bloßer Werbespruch: Lächeln hält tatsächlich jung.

Lachen und Fröhlichkeit verbessert das Verhältnis der Hormone untereinander; Glückshormone gewinnen die Oberhand gegenüber Stresshormonen.

Psychologen und Ärzte haben zahlreiche Übungen entdeckt, mit denen wir Gefühle umpolen und die Türen zu unseren unterbewussten Kraftreserven öffnen können. Kein Spitzensportler erreicht seine Höchstleistungen ohne mentales Training. Füttern wir unser Unterbewusstsein nur mit negativen Ideen und Gefühlen, so vergiften wir unser Leben und erreichen wenig. Wenn wir den dunklen See unseres Innersten dagegen mit positiven Gedanken füllen, so schwimmen wir im Alltag auf einem Kraftzentrum ohne Grenzen.

Angst

Lebensangst und Versagensangst zählen zu den häufigsten Gefühlen des Alltags. Doch Angst zählt zu den wenigen Tabuthemen, über die man nicht spricht.

Jeder zweite Berufstätige hat Angst, Fehler zu machen und seine Existenz zu gefährden – und diese Angst ist in den Führungsetagen der Wirtschaft eher noch weiter verbreitet. Wer Angst verdrängt, den holt sie umso schneller ein; Angst macht zum Zauderer. Dabei gibt es kein Leben ohne Rückschläge. Wer sich keine Fehler erlaubt, kann auch nicht mehr dazulernen. Wer wachsen will, sollte den Mut zu Fehlern haben.

Wenn Ängste Ihren Alltag dominieren, sollten Sie sich professionelle Hilfe verschaffen. Psychotherapeuten kennen rasch wirksame Techniken, um Ängsten zu begegnen und sie zu bannen. Machen Sie sich unabhängig vom Applaus der Anderen und vertrauen Sie auf Ihre innere Kraft, mit den Belastungen des Lebens fertig zu werden.

Gelassenheit

Zeitmangel, Termindruck und Hektik prägen den beruflichen und privaten Alltag zahlreicher Menschen. Oft gelingt es uns nicht, uns innerlich von diesem äußeren Zeitdiktat zu distanzieren.

Innere Ruhe bei äußerer Hektik ist möglich: durch Disziplin der Gedanken und klare Ziele. Meiden Sie sinnlose Ablenkungen. Reservieren Sie beruflich und privat Zeit für ungeplante Ereignisse. Klären Sie Ihre Prioriäten und Ziele und unterscheiden Sie Wichtiges von Unwichtigem.

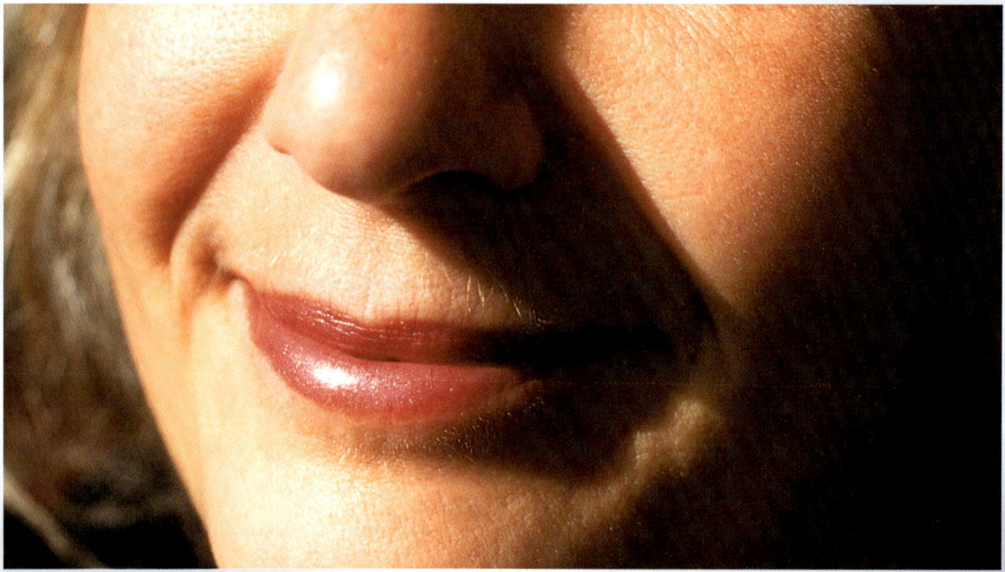

Lächeln Sie, wann immer Sie können.

Lächeln

Lächeln wird überall verstanden. Lächeln verhindert Aggressionen, macht sympathisch, weckt Vertrauen, entschärft Konflikte und heilt. Jede Kultur kennt ein „richtiges“ Maß an Lächeln: Chinesen werden trainiert, immer zu lächeln. Amerikaner strahlen lächelnd auch in Situationen, die wir Mitteleuropäer eher öde finden. Doch viele Urlauber haben erlebt, wie befreiend die ansteckende Freundlichkeit der Amerikaner sein kann (auch wenn es uns oft oberflächlich erscheint). Schon in der grauen Tristess des Flughafens bei der Ankunft in Deutschland vermissen wir die sonnige Freundlichkeit der USA... Lächeln Sie echt, denn nur echtes Lächeln kommt an. Unechtes Lächeln löst beim Betrachter eher Unbehagen aus. Lächeln macht nicht nur das Gegenüber glücklich, sondern vor allem den fröhlichen Menschen selbst. Die Muskelanspannung der Lach-Muskeln führt über nervliche und hormonelle Reflexe direkt ins Zwischenhirn und löst dort Wohlgefühl und Entspannung aus. Lächeln Sie, wann immer Sie können. Lächeln Sie grundsätzlich, wenn Sie telefonieren – Ihr Gegenüber am Ende der Leitung erkennt Ihren Gesichtsausdruck am Klang Ihrer Stimme.

Genuss

Beginnen Sie jeden Tag mit einem kleinen Luxus: einer heiß-kalten Wechsel-Dusche, einer besonderen Frühstückspastete, einem Zimt-Kaffee, einem besonderen Parfum, Ihrer Lieblingsmusik im Bad... Gerade Düfte können Sie schon am Morgen fröhlich stimmen: ein wohlriechendes Duschgel Ihrer Lieblingsmarke, das After-Shave mit der besonderen Note, das Sie besonders gerne an sich riechen. Das Duftempfinden ändert sich übrigens bei jedem Menschen – mit jedem Hormonwechsel, mit dem Alter. Schwangere vertragen daher oft ihr Lieblingsparfüm nicht mehr, und der Lieblingsduft kann nach den Wechseljahren plötzlich unangenehm riechen. Experimentieren Sie – ein Besuch in einer Parfümerie kann für sie und für ihn eine ungewöhnliche, ungefährliche Entdeckungsreise werden. Beenden Sie den Tag genauso mit einem kleinen Luxus: einem einzigen, aber besonders guten Glas Rotwein („das Leben ist zu kurz, um schlechten Wein zu trinken"); einer spannenden Gute-Nacht-Geschichte für Ihren Partner; einem Klavierkonzert von Mozart über Kopfhörer; einem lockeren Jogging-Lauf durch die kühle Nachtluft...

Genuss hat keinen Preis – außer ein bisschen Kreativität.

Genießen Sie mit allen Sinnen!

Jung für immer – eine lebenslange Übung

Am Schluss dieses Buches möchte ich die vielen Tipps und Regeln für ein glückliches, langes Leben zusammenfassen. Greifen Sie sich die Schlüssel zum guten Leben einzeln heraus, die auf Ihre persönlichen Schlösser passen. Öffnen sie die Schranken, die Ihnen bisher den Weg des langen, guten Lebens versperrten.

Auf der gegenüberliegenden Seite sehen Sie erst einmal einen Überblick.

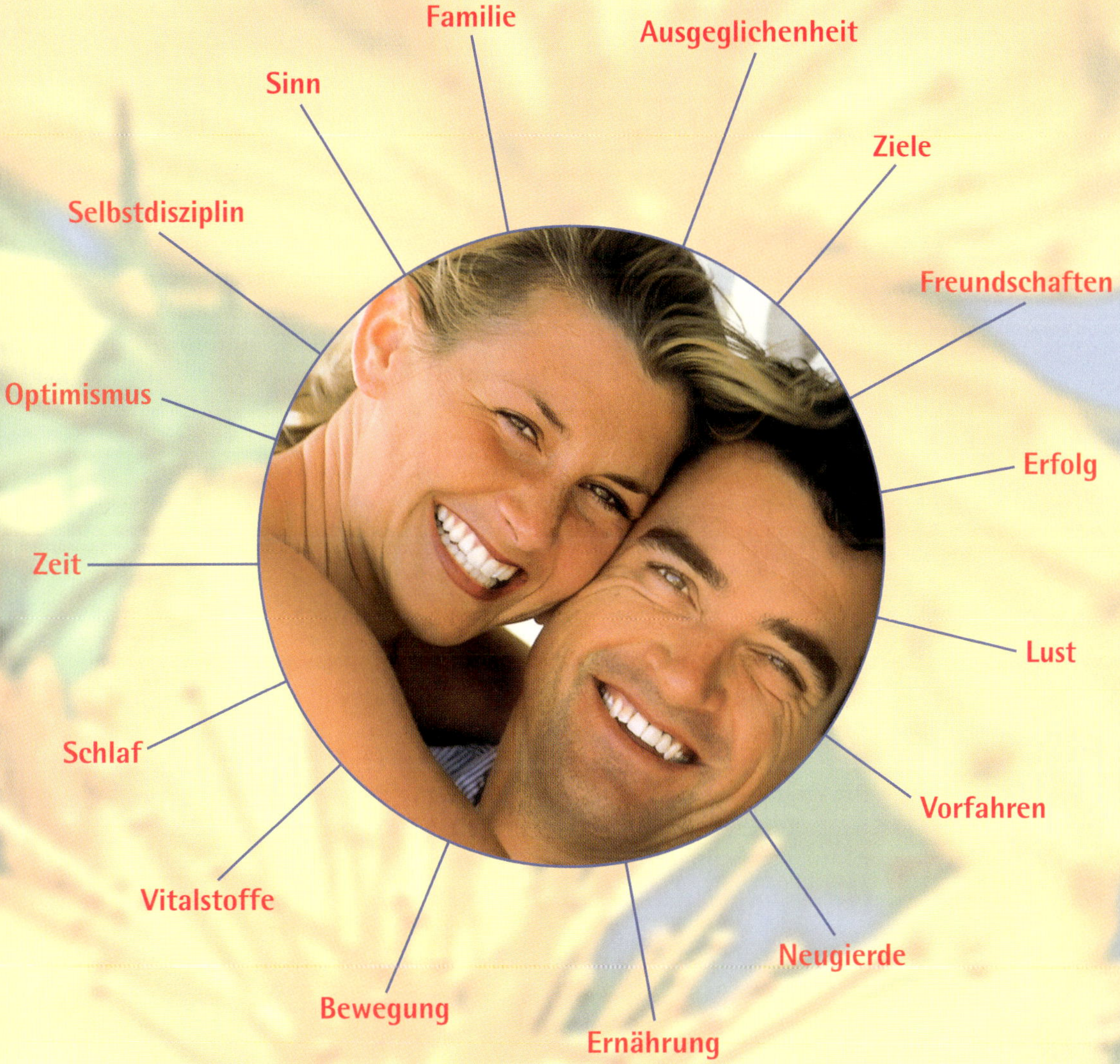
Familie
Ausgeglichenheit
Sinn
Ziele
Selbstdisziplin
Freundschaften
Optimismus
Erfolg
Zeit
Lust
Schlaf
Vorfahren
Vitalstoffe
Neugierde
Bewegung
Ernährung

Optimismus

Denken Sie positiv. Optimismus lässt die Glückshormone erblühen. Freuen Sie sich über die kleinen Glücksmomente des Lebens – Vogelgezwitscher, das Lächeln Ihres Partners, Sonnenschein, ein schönes Lied, das Jauchzen der Kinder... So trainieren Sie Ihren inneren „Glücksmuskel“: Ihr Unterbewusstsein wird dafür sorgen, dass die Glücksmomente des Lebens ständig zunehmen...

Bewegung

Bleiben Sie körperlich fit. Beständige Bewegung verlängert das Leben. Körperliche Aktivität setzt Kaskaden lebensverlängernder und lebensverbessernder Prozesse in Gang. Steigen Sie Treppen, suchen Sie sich einen Ausgleichssport, fahren Sie Fahrrad, gehen Sie zu Fuß zum Briefkasten...

Vorfahren

Freuen Sie sich, wenn Ihre Ahnengalerie uralte Vorfahren ausweist. Ihre Chancen auf ein langes Leben sind enorm. Wenn nicht? Dann ist es umso wichtiger, alle anderen Möglichkeiten der Lebensverlängerung zu nutzen...

Neugierde

Bleiben Sie offen für neue Menschen, neue Ideen, neue Erfahrungen. Bleiben Sie neugierig, welche lebensverlängernden Hilfen die Medizin in den nächsten Jahren noch entwickeln wird. Probieren Sie ein neues Essensrezept aus, Surfen im Internet, neue Bücher, neue Anti-Aging-Strategien. Nur wenn Sie neugierig auf die kommenden Jahre sind, wird sich die Natur großzügig erweisen...

Lust

Genießen Sie die Freuden des Lebens bewusst. Häufiger Sex fördert nachweislich ein jugendliches Aussehen. Kein Partner? Genießen Sie Sex ohne Schuldgefühle mit dem Menschen, den Sie am besten kennen – mit sich selbst. Machen Sie Ihre Sinnesorgane zu den Verbündeten Ihres Alltags: Augen, Ohren, Nase, Zunge, Haut, Fingerspitzen....

Ernährung

Man ist, was man isst. Essen Sie ein bisschen weniger. Essen Sie ein bisschen bewusster. Essen Sie viel weniger Fett und viel mehr Obst und Gemüse. Nichts verlängert Ihr Leben so effektiv wie eine kalorienreduzierte, ausgewogene Ernährung – ohne Abendessen...

Schlaf

„Ausreichend Schlaf“ ist fast so kostbar wie „genug Zeit“. Jugendlichkeit kann man sich erschlafen. Die Wissenschaft sagt: eine hohe Lebenserwartung ist dem gegeben, der sich 7–8 Stunden Schlaf pro Nacht gönnt. Nicht mehr und nicht weniger...

Erfolg

Erfolg ist gut – Neid ist schlecht. Hochbetagte haben fast immer viel und hart gearbeitet und haben ihre Arbeit gerne getan. Sie sind stolz auf ihre Erfolge – egal ob als Handwerker, Briefmarkensammler oder Firmengründer... Zu viel Ehrgeiz dagegen ist schädlich. Fühlen Sie sich als Vorbild – und geben Sie Ihre Erfolgsrezepte weiter. Erleben Sie Unsterblichkeit in der Dankbarkeit der Menschen, die von Ihnen gefördert wurden...

Ausgeglichenheit

Leben Sie Ihr eigenes Leben – Sie haben nur eines. Arbeiten Sie an sich, bis Sie Ihren eigenen inneren Leitfaden gefunden haben. Innere Ruhe und Versenkung machten Buddha unsterblich. Innere Ruhe und Selbstgewissheit machen auch Ihr Leben einzigartig...

Vitalstoffe

Wir leben nicht mehr im Paradies, sondern in einer Welt voller Schadstoffe. Die Entgiftungsstationen des Körpers arbeiten ständig auf Hochtouren. Helfen Sie sich selbst dabei mit Vitalstoffen aus der Natur und der pharmazeutischen Industrie. Fünf Portionen Obst und Gemüse täglich, dazu ausreichend Vitamine aus der Apotheke: So halten Sie jede einzelne Körperzelle in Höchstform...

Selbstdisziplin

Extreme Leben dauern kurz. Der Mensch ist biologisch ein Gewohnheitstier. Ein maßvolles Leben und geliebte Alltagsrituale müssen nicht zur langweiligen Routine erstarren. Leben Sie ein regelmäßiges Alltagsleben – und entdecken Sie das Besondere an jedem Tag. Genießen Sie die Hoch-Zeiten umso mehr. Regelmäßigkeit erleichtert Selbstdisziplin: Besser täglich ein Müsli mit Apfel als ein Rohkosttag alle vier Wochen...

Familie

Stabile familiäre Beziehungen sind ein wahrer, wissenschaftlich bewiesener Jungbrunnen. Singles sterben früher. Nichts lässt Sie schneller altern als häufige Trennungen und Verluste eines geliebten Partners. Bemerken Sie die Glücksmomente des Alltags: der Tag, an dem niemand in der Familie krank ist; der Tag, an dem alle ein Dach über dem Kopf und genug zu Essen haben. Investieren Sie Zeit, Gefühl, Kreativität und Kapital in Ihre Familie...

Freundschaften

Pflegen Sie Freundschaften. Stabile Beziehungen zu Freunden machen in guten Zeiten glücklich, und sie tragen in schlechten Zeiten. Akzeptieren Sie die Unterschiede zwischen den Menschen. Freuen Sie sich an der Einzigartigkeit Ihrer Mitmenschen, schärfen Sie Ihren Blick für die positiven Besonderheiten des Anderen. Bleiben Sie zusammen jung, das macht einfach mehr Spaß...

Ziele

Setzen Sie sich Ziele – und realisieren Sie Ihre Visionen. Ziele und Träume setzen ungeheure Energien frei. Gehen Sie noch heute los: „Just do it.“ Auch der Weg ist das Ziel. Überprüfen Sie die Ziele Ihres Lebens regelmäßig. Das größte Erfolgsgeheimnis eines glücklichen, langen Lebens? Selbstgesetzte kurz-, mittel- und langfristige Lebensziele...

Zeit

Das Leben ist an jedem Tag „reif“, um gepflückt zu werden. Es gibt nur einen Tag, an dem Sie Ihr Glück finden können: heute. Nur heute können Sie etwas für Ihre Zukunft, für ein langes Leben tun. Nur heute können Sie sich auf den Weg machen. Leben Sie nicht in der Vergangenheit oder Zukunft. Verschieben Sie den ersten Schritt nicht auf später. Der erste Tag vom Rest Ihres Lebens ist jetzt...

Sinn

Bei aller Konzentration auf die Verjüngung des eigenen Körpers sollte man nie vergessen: Seele und Geist gehören dazu. Stellen Sie sich Ihre eigene Beerdigung nach einem langen Leben vor: Was soll an Ihrem Grab über Sie gesagt werden? Die Sinnhaftigkeit des eigenen Lebens wird ab der Lebensmitte immer wichtiger. Sinn entsteht, wenn Sie in in Ihrem Leben, Ihrer Umgebung und der Welt ein erklärendes Prinzip erkennen können – wenn Sie an etwas glauben, „das Himmel und Erde zusammenhält“. Das kann eine Religion sein, eine Philosophie oder ein Schatz von Lebensweisheiten. Zynismus zerstört Sinn. Arbeiten Sie an der Sinnhaftigkeit Ihres Lebens: durch Stille und Staunen, Nachdenken und Meditation, Beten, Lesen und Austausch mit anderen Menschen...

Ich wünsche Ihnen ein langes,
erfülltes, sinnhaftes
und glückliches
Leben!

Stichwort-Register

Die Deutsche Bibliothek –
CIP–Einheitsaufnahme
Bresser, Harald: Jung – für immer:
älter werden – jung und vital
bleiben – gut aussehen /
Harald Bresser,- Stuttgart ; Leipzig:
Hirzel, 2000
ISBN 3-7776-1027-5

Hinweise
Das vorliegende Buch ist sorgfältig erarbeitet worden. Dennoch erfolgen alle Angaben ohne Gewähr. Weder Autor noch Verlag können für eventuelle Nachteile oder Schäden, die aus den im Buch gemachten praktischen Hinweisen resultieren, eine Haftung übernehmen.

Ein Markenzeichen kann warenrechtlich geschützt sein, auch wenn ein Hinweis auf etwa bestehende Schutzrechte fehlt.

Jede Verwertung des Werkes außerhalb der Grenzen des Urheberrechtsgesetzes ist unzulässig und strafbar. Dies gilt insbesondere für Übersetzung, Nachdruck, Mikroverfilmung oder vergleichbare Verfahren sowie für die Speicherung in Datenverarbeitungsanlagen.

Impressum
© 2000 S. Hirzel Verlag
Birkenwaldstraße 44
70191 Stuttgart
Printed in Germany

Redaktion:
Reinhild Berger
Konzeption, Gestaltung, Fotografie:
Nils Hoffmann
Visuelle Kommunikation,
Mögglingen
Repro: Pelikan Media,
Schwäbisch Gmünd
Druck: Universitäts-Druckerei Stürtz,
Würzburg

Bildnachweis
Nils Hoffmann: Seiten 3 oben, 3 mitte, 3 unten, 25, 26, 29, 41, 46, 47, 48, 50, 51, 52, 54, 56, 58, 65, 87, 88, 102, 107, 115, 134, 143, 145, 150, 151

Bavaria Bildagentur:
Seiten 1, 2/3, 4, 5, 6, 8/9, 11, 23, 28, 35, 45, 60/61, 62, 67, 69, 72, 75, 76, 83, 94, 100, 120, 122, 123, 126, 131, 132, 134, 135, 136, 140, 153, 156/157

Mauritius Bildagentur:
Seiten 14/15 DNS, 16/17 DNS, 18/19 DNS, 70, 91 rechts, 138

Stockfood Bildagentur:
Seiten 29, 38, 42

dpa Frankfurt: Seite 32

Christoph Bühler, Stuttgart:
Illustrationen auf den Seiten 17, 77, 79, 81, 82, 86, 90, 93, 96, 97, 98

Weitere Informationen über Haarentfernung, Laser, Faltenbehandlung und weitere ästhetisch-dermatologische Behandlungen erhalten Sie über:
medoCentis Gesundheitsdienste GmbH München
Tel. 089/62 73 78 17